JN302517

大矢 復

英作文
講義の実況中継

語学春秋社

はしがき

　語学には4つの側面があると言われています。「読む」,「書く」,「聞く」,「話す」です。よくこのうちの,「読む」と「書く」という文字伝達型と,「聞く」と「話す」という音声型を対立させ,音声型の英語が日本人は不得意だ,というような言われ方がされることがあります。ぼくはこの考え方はちょっと間違っていると思っています。むしろ,この4つの側面は,**「読む」と「聞く」という受信型と,「書く」と「話す」という発信型に分けるべきであり,日本人はこの後者の発信型が苦手**なのです。

▶ 日本人はなぜ発信型が苦手か

　将来,大学生になったら,駅前に氾濫する英会話学校をのぞいてみてください。何か月か学べば,ネイティーヴの先生の話すことはほとんど理解できるようになるはずです。けれども,相当長期間学んでいる生徒でも,自分の考えをうまく英語で表現できる人はほとんどいません。たいていは(こう言っては失礼なんですが),もし日本語に訳したら幼稚園の子の話かと思うくらい幼稚なことしか話せないのです。

　同様のことが,僕の教えている大学受験予備校でも言えます。読解の授業では,日本語ですらふだんほとんど読まないくらい抽象的で難解な文章を英語でがんがん読んでいるのに,英作文では,中学校の教科書に出てくるくらいの簡単な文すらうまく英語で書けない人がたくさんいます。

　このように日本人は「話す」とか「書く」といった**発信型の英語が苦手**なのです。そしてその理由は明らかです。中学校以来の学校の英語教育の中で,**この発信型の訓練がまったくなされていない**せいです。

　文法と読解の授業で手一杯で作文に割く時間が全くないか,たとえ,英作文の授業をしても,それが文法項目の確認のために行われ「こぼれたミルクを泣いても無駄だ。＝ It is no use crying over spilt milk.」のようなきまりきった文を空手の型の練習みたいに繰り返すだけだったり,運悪く担当の先生が「英語大好き人間」だったりした場合には,単語のニュアンスだの,「英語らしい表現」だの「やわらかい表現」だのといった,曖昧でつかみどころがないことを押しつけられてしまって,生徒には苦手意識しか残らなかったりするのが関の山なのです。

　また入試を課す大学にも大いに問題があります。はっきりいって私立大学の多くは,採点の手間がイヤで英作文を出題しませんでした。または出題しても

先ほど述べた学校の授業と同じようにきまりきった文法の「型」をちゃんと暗記しているかどうかを試すだけのものだったり，逆に，夏目漱石かなにかの小説の一節を何の意味もなく訳させるようなものだったりと，受験生が可哀想になるくらいで，珍問奇問の博覧会のようです。

▶ 最近の英作文の出題傾向

　けれど，暗い話ばかりでもありません。受験生の数が比較的少ない国公立大学や女子大やそれほどマンモス校ではない難関私立大学は，かなり配点の高い英作文を出題します。さらに喜ばしいことには，珍問奇問はすこしずつ姿を消し，かわって英語で発信する能力が真の意味で試される**自由英作文型**の問題が増えてきています。

　これらは明るいニュースだと思います。もちろん日本人の本当の意味での英語力の向上という点から見て「明るいニュース」という意味です。逆に英作文の勉強をあまりしたことがない受験生諸君や英作文が苦手な人には「暗いニュース」かもしれませんね。

▶ 有効な英作文対策

　しかし，「暗いニュース」とがっかりする必要もないのです。**日本人の弱いところというのは決まっています**。くわしくは，このすぐあとの「講義を始めるにあたって」をよく読んでもらいたいのですが，**一言で言えば日本語と英語のギャップ**のあるところです。そうした日本人の共通の弱点と言えるような箇所を少し意識して直していけば，みちがえるように英語での表現が良くなるはずなのです。そうなれば，ほかの人が苦手にしているだけに，入試でも大きなアドヴァンテージを得ることができるでしょう。

　従来の英作文の参考書は，「習うより慣れろ」式の非合理的な練習を重ねるだけのもので，問題をやって解説を読んでも，それがその場限りの知識にしかならず，確実に身について次からは能動的に使えるような力にはなりませんでした。しかし，本書はそうした参考書とは一線を画しています。**受験生の，ひいては日本人の間違えやすいポイントが，Part 1 では文法項目別に，Part 2 では単語別に，合理的に解説**してあり，そうしたポイントを1つひとつ的確に理解していけば，次に同じような問題に直面したときに自分で自由自在に使いこなせるような力となるはずです。

▶ 自由英作文対策

　そして，本書のもう1つの特長は，**Part 3 で自由英作文を扱った**ことです。

はしがき

　先ほども書いたように，近年，「日本文を訳しなさい」という和文英訳タイプの問題ではなく，「××というテーマについてあなたの考えを100語以内の英語でまとめなさい」という自由英作文タイプの問題が国公立大学でとくに増加しています。そして配点の上でも2割から3割という高い割合を占めています。しかし，高校でこうした自由英作文を練習する機会は，和文英訳の練習以上に少ないはずですし，まだほとんどこれに関する参考書類も出版されていないので，受験生は途方に暮れているのが現状です。本書は，**たぶん日本で初めてこうした自由英作文の書き方について，明確な方法論に基づく解説をした本であると自負しています**。もし読者の皆さんがこうした自由英作文を課す大学を受験するなら，他の受験生がまだ途方に暮れている今がチャンスです。しっかりと練習をして，差をつけてしまいましょう。

　読者の皆さんが，この参考書を活用し，ぐんぐん英語での発信能力を伸ばし，首尾よく大学入試を突破することを願ってやみません。現代ではインターネットやEメールの普及により，普通の人でも英語で自分を表現しなければならない機会が今までとは比較にならないくらい増えています。大学入試に留まらず，そうした時代のリーダーとなりうるような人がこの参考書の読者から出てくれれば私の望外の喜びです。

　最後になりましたが，例文を校閲し数々の貴重な助言をいただいた，代々木ゼミナール講師ジョン・エカード氏，語学春秋社との橋渡し役を務めていただいた筆者の先輩である尊敬する代々木ゼミナール講師の安武内ひろし氏と小倉弘氏の各氏，および，自分たちの「珍答」を惜しげもなく黒板に披露して受験生の間違えやすい点を私に教えてくれた代々木ゼミナールの生徒諸君に感謝いたします。この方々の助力なしにはこの参考書が日の目を見ることはありえませんでした。

de nihilo nihil
— Lucretius
無からは無しか生まれない。

大矢 復

本書は『大矢英作文講義の実況中継』を改訂し，新たなタイトルで出版したものです。

講義の内容

講義を始めるにあたって──英作文攻略のガイダンス ･･････････ 1

PART 1 ここが大事!! 英作文のツボ

第 1 回　時制の落とし穴
　　　Lesson 1　現在形と未来形の使い分け ･････････････････････ 12
　　　Lesson 2　習慣は現在形で表す ･･････････････････････････ 15
　　　Lesson 3　現在完了形と現在完了進行形の使い分け ･･････････ 18
　　　Lesson 4　現在完了形と過去形の使い分け ･･････････････････ 21
　　　Lesson 5　過去進行形の使い方 ･･････････････････････････ 24
　　　Lesson 6　「過去から見た未来形」の使い方 ･･････････････････ 27

第 2 回　第 5 文型のツボ
　　　Lesson 7　注意する知覚動詞 hear ････････････････････････ 30
　　　Lesson 8　注意する知覚動詞 see ･････････････････････････ 36
　　　Lesson 9　使役動詞の使い方 ･････････････････････････････ 39
　　　Lesson 10　経験被害動詞の使い方 ････････････････････････ 42
　　　Lesson 11　第 5 文型で to 不定詞をとる動詞 ････････････････ 47

第 3 回　受身の盲点
　　　Lesson 12　受身の時制に注意 ････････････････････････････ 50
　　　Lesson 13　動詞の語法に注意 ････････････････････････････ 53

第 4 回　形容詞の不思議
　　　Lesson 14　形容詞と名詞の相性 ･･････････････････････････ 58
　　　Lesson 15　叙述用法と限定用法 ･･････････････････････････ 61
　　　Lesson 16　"多少"を表す表現 ･･･････････････････････････ 66
　　　Lesson 17　形容詞の後置修飾 ････････････････････････････ 69

第 5 回　関係詞の重要ポイント
　　　Lesson 18　関係代名詞は名詞 ････････････････････････････ 72

Lesson 19　制限用法と継続用法の使い分け ･････････････････ 76
Lesson 20　関係代名詞 what ･･････････････････････････････ 82

第6回　副詞の正しい使い方
Lesson 21　副詞の性格を知る･･････････････････････････････ 86
Lesson 22　動詞を修飾するときの副詞 ･････････････････････ 89
Lesson 23　語句修飾の副詞 ･･･････････････････････････････ 92

第7回　比較の構造
Lesson 24　「as … as 構文」の最初の as ･････････････････････ 97
Lesson 25　「as … as 構文」の後ろの as ･･････････････････ 101
Lesson 26　比較級と同等比較の構造･･････････････････････ 105
Lesson 27　more and more の使い方 ････････････････････ 108
Lesson 28　比較級の応用 ･･･････････････････････････････ 111

第8回　to 不定詞か that 節か
Lesson 29　to 不定詞と that 節の使い分け ････････････････ 114
Lesson 30　目的を表す場合の使い分け ･･･････････････････ 119

第9回　接続詞のワナ
Lesson 31　接続詞 how の使い方 ････････････････････････ 124
Lesson 32　譲歩・逆接の接続詞の使い方 ･････････････････ 127

第10回　前置詞の悪夢
Lesson 33　時間に関する前置詞の使い方（1）･･････････････ 130
Lesson 34　時間に関する前置詞の使い方（2）･･････････････ 133
Lesson 35　時間に関する前置詞の使い方（3）･･････････････ 136
Lesson 36　場所を表す前置詞の使い方 ････････････････････ 139
Lesson 37　「～のために」＝ for ではない ･･････････････････ 142
Lesson 38　「～によって」＝ by ではない ･･･････････････････ 145
Lesson 39　手段や道具を表す前置詞･･････････････････････ 148
Lesson 40　without の正しい使い方････････････････････････ 151

第11回　頻出表現対策!

- Lesson 41　断定を避ける表現の使い方 ····················· 154
- Lesson 42　「〜ぶりに」の便利な表現 ······················ 159
- Lesson 43　「〜して初めて〜」の表し方 ···················· 162
- Lesson 44　「〜することができた」の表し方 ················ 164
- Lesson 45　間違えやすい品詞の使い方 ······················ 167
- Lesson 46　"数字＋単位を表す名詞" ························ 171
- Lesson 47　感情を表す文の正しい使い方 ···················· 174
- Lesson 48　「〜しながら」の表し方 ························ 178

第12回　もっとよい英文を書くために

- Lesson 49　英語特有の表現を学ぶ ·························· 182
- Lesson 50　副詞（句）は正しい位置へ ······················ 187

PART 2　これを英語でどう言うの? ················· 191

（詳細項目は PART 2 扉裏をごらんください）

PART 3　自由英作文の完全攻略

- Introduction ── 自由英作文とはどういうものか? ············· 242
- Lesson 1　One Paragraph Essay の書き方 ················ 245
- Lesson 2　さまざまな形の自由英作文 ······················ 259
- Lesson 3　Multi Paragraph Essay へのアプローチ ········· 271

（PART 1「例題」及び PART 3「練習問題」の解答は別冊にあります）

講義を始めるにあたって
― 英作文攻略のガイダンス

　みなさんはじめまして，大矢です。これから一緒に英作文の勉強をしていきましょう。よろしくお願いします。

　最初はまず君たちに，**英作文の勉強ってどういうものなのか，何を注意して勉強していけばいいのか，**といったことについて少し話をしようと思っています。英語の勉強の中でも，特に英作文は「何か漠然としていて，どこをどういうふうにやっていけば上達するのか分からない」っていう人が多いですから。そういう不安を抱いたまま，間違った方向で勉強をしていっても，途中で挫折してしまったり，十分に効果が上がらなかったりするからね！

▶最初の英作文の出題傾向

　まず受験の知識として知っていてもらいたいのは，一般に英作文と呼ばれている問題には，日本文が与えられていてそれを英語に訳す**和文英訳**といわれるタイプと，テーマが与えられていてそれに対して自由に自分の考えを英語で書く**自由英作文**というタイプの2つがあると言うことです。

　一昔前の入試英語では，和文英訳のタイプしかありませんでした。だけど，最近国際化の必要性が叫ばれるようになって，もっと自由に自分

の意見を英語で表現する能力が重視されるようになってきてるでしょ？それで，特に**国公立大学を中心に自由英作文が多く出題される**ようになってきたんだね。だから，国公立大学を目指す人はもちろんのこと，私立大学を志望する人も，今のところは青山学院など一部の大学しか自由英作文は出題されていないけど，来年の入試からいきなり出題されると言うことも大いに考えられるので，一通りは勉強しておいた方がいいよ。本番で問題を見ていきなり蒼くならないようにね……。

▶英作文の配点は意外に高い!!

それともう1つ知っておいてほしいのは，特に国公立大学では君たちの思っている以上に，**英作文の配点は高い**ということ！ **英作文の配点が英語全体の30%程度**ということもめずらしくないです。典型的な国公立大学の入試は，長文が2〜3問出題されて計70点，英作文が30点というカンジです。つまり1ページ以上にわたるような長〜い長文を1問，何とか読んで設問に答えるのと，2行くらいの英文を作文するのと，同じくらいの配点が与えられているっていうことなんです。なんかちょっと不合理な感じでしょ。でもそのくらい**英作文は重視されている**んです。

例えば，センター試験の国語を受験するのに，現代文と古文はやるけど，漢文はよくわからないから最初から捨てる，なんてしないでしょ？ または，理系の人で物理をやっていて，力学はやるけど，電気は最初から捨てる，なんていうのもしないでしょ？ **英作文も同じくらいの比重がある**と肝に銘じてほしいんです。

▶英作文には独自の勉強法がある

それともう1つだけ最後に肝に銘じておいてほしいこと。よく，英作文の勉強を受験勉強の最後に回す人がいるんです。「英語ができない！ できるようになるためにはまず文法だ！」ってね。そしてその次には「読

解だ！」ってね。「英作文はその後だ！」って。それで結局，入試直前になって，時間が無くなって，英作文の勉強はほとんどできずじまいになってしまうんですが，「まあ，文法も勉強したし，読解もやったから，作文はできるだろう」なんて，自分で勝手に納得しちゃう。まあ，こういう人は落ちますね。

　ここではっきりさせておきたいのですが，**文法や読解ができなければ英作文ができない，ということは決してありません！** 逆に，**文法や読解ができれば勉強しなくても自然に英作文ができるということもふつうはありません！** この両者は，全然別の科目だと思った方がよいくらいです。だから，後回しにしないで，ぜひ早い時期から，読解や文法と平行して英作文の勉強をしていってください。逆に，実際に自分で英語を書いてみると，いろいろと発見があって，そうした発見は必ず，**読解や文法の勉強にフィードバック**されるはずです。

＊＊＊　　　　＊＊＊

▶本書の全体構成

　さて，ここで**全体の構成**についてお話をしておきましょう。全体は**大きく分けて3つのパート**から成り立っています。

- Part 1：**「和文英訳」**の文法的な"ツボ"**「縦の選択」**を講義
- Part 2：**「和文英訳」**の単語・語法の知識**「横の選択」**を習得
- Part 3：**「自由英作文」**の攻略法を伝授

　ここでは，和文英訳の練習にかかわってくる Part 1 と Part 2 についてお話をちょっとしておきましょう（Part 3 は，242ページをごらんください）。

▶ Part 1：「縦の選択」

英語の文を書くとき，頭の中では，**「縦の選択」**と**「横の選択」**がされています。

どういうことかというと，英文を書くときに，「あ，まず最初に主語を書かなきゃ」と考えたり，主語を書いたら「次は動詞だ」とかっていうふうに(無意識にせよ)考えていく訳ですよね。当たり前ですが，文の最初の，主語を置くところで，いきなり動詞を持ってきたりしたら間違った英文になるわけです。こういう，「つぎにどういう品詞のものを持ってきたらいいか」を考えるのが「縦の選択」ということです。この**「縦の選択」を間違えずにやるのに必要なのは文法的思考**です。これを鍛えていくのが **Part 1 の役割**です。

▶ Part 2：「横の選択」

逆に，例えば Part 2 の「遊ぶ」の項をちょっとみてほしいんですが(→ p.202 参照)，日本語の「遊ぶ」に相当する英語がこんなにいっぱいあるんですね。君たちは「遊ぶ」というと，すぐ play を連想しますが，それではダメな場合の方が多い。「彼のうちに遊びに行く」は "go to see him" だし，「悪い友達と遊んじゃダメ」は "Don't go around with bad friends." です。

このように例えば動詞を使わなければいけない場面で，**どの動詞を使ったらいいかを考えるのが「横の選択」ということです。そしてこの役割をするのが単語や語法の知識で**，これを鍛えるのが **Part 2 の役割**です。だからこの2つを両方とも鍛えれば，もう完璧！ となるわけなんだよね。

講義を始めるにあたって

英作文 ─┬─ 縦の選択（文法的思考）
　　　　│　　　→ Part 1 で勉強
　　　　└─ 横の選択（単語・語法の知識）
　　　　　　　→ Part 2 で勉強

▶英作文のための"単語の知識"とは？

　それでは「横の選択」，つまり，単語・語法の知識の方からもう少し詳しく説明しますね。単語の知識っていうと，「ああ，俺，単語あんまり知らねーからなー」なんてため息ついちゃう人がいるんですが，ここで言っているのはそういうんじゃないんだよ！

　じゃあ，今度は Part 2 の「許す」の項をちょっと開いてみてもらいましょうか（→p.193参照）。いいかな？ 日本語で言うからよく考えてね。「子供が夜遊びに行くのを許す」って言うときの「許す」と，「生徒が遅刻したのを許す」って言うときの「許す」って意味が違うのが分かるかな？「遊びに行くのを許す」っていう時の「許す」は「これから〜するのを許可する」っていう意味だよね。それに対して「遅刻したのを許す」っていう時の「許す」は「〜したことを勘弁してあげる」って言う意味ですよね。

　わかる？ 全然違う意味のことを，日本語ではどちらも「許す」という言葉で言い表すことができるわけです。ところが英語はどうでしょうか？「許可する」というのは allow とか permit という動詞を使います。他方，「勘弁する」というのは excuse とか forgive という動詞で表します。要するに，僕が言いたいのは，日本語と英語が一対一に対応していなくて，「一対多」の対応をしているっていうことなんだよね（→次ページ図）。

　こういうところは，ぼくたち日本人にとってすごく間違えやすいわけなんだ。そして，このような単語の知識というのは，君たちの持っているような単語集に載っている単語をいくつ暗記しているかというのとは，別な次元の問題なわけです。単語をいっぱい知っているという人も，単

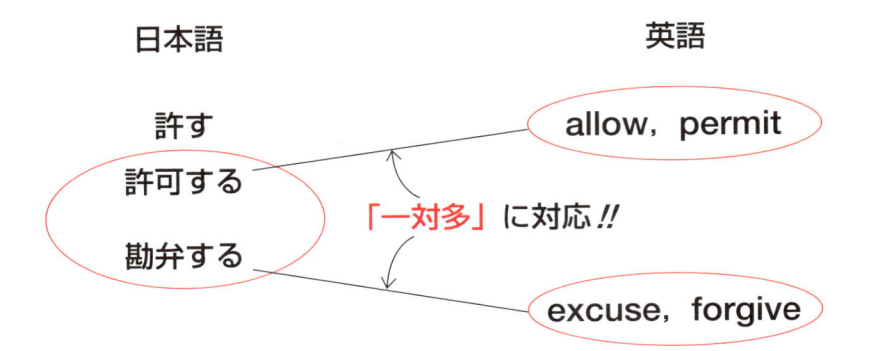

```
日本語              英語

許す
  許可する    ———→  allow, permit
  勘弁する    「一対多」に対応!!
              ———→  excuse, forgive
```

語力に自信のない人も，同じ問題を抱えているわけだからです。
　こういう間違いやすい単語・語法の知識っていうのは，そんなにたくさんはありません。**Part 2 では，僕の経験から君たちがいつも使い方を間違えるやつを 60 項目ほどに分類してあります。これだけやれば十分です。**ここは，講義の形では扱いませんから **Part 1 をやりながら，または Part 3 をやりながら常に参照して，少しずつマスターしていってください。**逆に，本当に英語にアレルギーのある人は，最初にここだけを集中しておぼえてしまうのもひとつの手かも知れません。

▶英作文からのフィードバック

　さらに，こういった知識をマスターするとちょっとした「おまけ」もついてくるよ！ さっき，作文をやると，文法や読解にフィードバックがあるって言ったでしょ。たとえばセンター試験の問題でこんなのが出たのを知ってるかな？

> 次の問いの空欄に入れるのに最も適当なものを，下の①〜④のうちから選べ。
>
> It's a pity that quite a few Japanese women (　　　) their jobs when they get married.
>
> ① end up　② quit　③ retire　④ withdraw
>
> （センター試験追試）

　この問題が出題されたとき，受験生はみんな retire を選んでしくじったんだよね。だって，日本語でプロ野球の選手とかが辞めることを「リタイアする」っていうでしょ。だけど，「リタイア」っていうのは，「年をとった結果，引退する」という意味で使う単語なわけ。この例文は「若い女性が結婚を機に会社を辞める」というのだからまずいよね。そういうときには **leave** か **quit** を使うわけです（→ p.197 参照）。ね，そういうことって，単語集とかで"quit =「辞める」"みたいに暗記しているだけじゃ，気づかないでしょう？ **自分で実際に文を書くっていう問題意識がないと身につかないわけです。**それが，**英作文から文法や読解にフィードバックがある，**っていうことです。

▶「文法的思考」とは？

　それでは Part 1 でやる「縦の選択」，つまり**文法的な思考**ということについても少し説明をしておきましょうか。

　何年か前，ぼくはドイツのルフトハンザっていう飛行機に乗っていたんですね。それで，長時間のフライトでお尻が痛くなっちゃったんで，通路の後ろの方に立って行って，窓から外を眺めていたんだよね。そうしたら，ほら，今，飛行機内は全部禁煙でしょ？ それでもたまに通路に立ってタバコを吸う客がいるから，スチュワーデスのお姉さんがたまに

見回りに来るんだよね。それで，ぼくが通路に背を向けて立っていたんで，そのお姉さんはきっと僕がこっそりたばこを吸っているんじゃないかと思ったのね。学校のトイレでこっそりタバコ吸う奴とかいるじゃない（笑）。

　その時，そのお姉さんは僕に"Do you smoke?"って言ったんだよね。ぼくは一瞬，何を言われたのかわかんなかった。ここで，どういうコミュニケーションの乱れが生じたか分かる??

　お姉さんは「あんた，タバコ吸ってるんじゃないでしょうねー!?」ってつもりで言ったはずなんです。でもそれなら，"Do you smoke?"と現在形で訊くのではなく，"Are you smoking?"っていうふうに現在進行形で訊かなければいけなかったんだよね。なぜかというと，これはPart 1の一番最初でやりますが(→ p.16)，英語では「彼はいつも8時に夕食を食べる」という**習慣は現在形**を使って"He **eats** supper at eight."と言い，「彼は今夕食を食べているところだ」というような「今，〜している」というのは**現在進行形**を使って，"He **is eating** supper now."とするのがルールだからです。

　ところが，彼女の母国語であるドイツ語には現在進行形がないんですよ。習慣を表すのも，「いま〜している」というのを表すのも現在形を使うんですね。そのドイツ語と英語とのギャップにはまってしまって，彼女は間違った英語を使ってしまったわけです(ね，こういう話を聞くとちょっとほっとするでしょ。英語が下手なのはべつに日本人だけじゃないんだね。外国人はみんな下手だよ！)。

　それで，"Do you smoke?"って聞かれた僕はどうしたと思う？だって，現在形っていうことは「習

慣」を表すわけでしょ？「あなたはたばこを吸う人？」って聞かれたことになっちゃうわけです。ふつうそういうセリフって，人にものを勧めるときに言うよね？　だから，僕はてっきり彼女が僕に一目惚れしてドイツの珍しい葉巻でもくれるのかと思って，手を出しちゃった(笑)！

　でも，まあ自慢させてもらうと，ぼくはドイツ語もできるから(巻末のプロフィールを見てね)，「ああ，この人，ドイツ人的な間違えしてるな」と思って，訂正してあげようかと思ったんだけど，まあ，おせっかいしてもしょうがないから，出しかけた手をこう引っ込めて"No."とだけ答えたんだね(笑)。

▶日本語と英語のギャップを意識しよう

　ね，怖いでしょ。現在形と現在進行形を取り違えただけで，まるっきり意味がわからなくなっちゃうわけです。そして，このドイツ人スチュワーデスのお姉さんが，自分の母国語であるドイツ語と英語のギャップにはまっちゃったように，僕たちは日本語と英語のギャップにはまりやすいのです。

　Part 1でさっそく勉強していきますが，例えば，日本語で「彼は夕食後勉強する」って言いますよね。「習慣」です。でも，君たちがお母さんに「いつまでテレビを見てるの！　勉強しなさい！」って怒られたときも，「夕食後勉強するよ」って言いますよね。これは「これからやる」っていう「未来」です。つまり日本語では「勉強する」という言い方で，習慣も未来のことも表現できてしまうわけだよね。ところが，当然英語では「習慣」は現在形，「未来」のことは未来形で表すわけです。当たり前に聞こえるかも知れないけど，そこのギャップを意識していないと，君たちは本当によくその落とし穴にはまっちゃうんだね。

　つまり，ここにも単語の時に話をした「一対多」の対応があることが分かるかな？　そして，そうしたことは，単純に文法問題対策のための文

法の勉強をしているだけでは決して身につきません。言ってみれば，**英作文のための文法の勉強が必要**になるんです。

　どうですか？　なるほど！　って納得できたかな？　それじゃあ，さっそく Part 1 から一緒に勉強していきましょう！　英語の一番大切なところは動詞です。その動詞でもまず今も例に取り上げた時制からやっていくことにしましょう！　健闘を祈ります‼

PART 1

ここが大事!!
英作文のツボ

受験生が間違いやすい
英作文の"文法的なポイント"を
分かりやすく解説する
50講

第1回 時制の落とし穴

Lesson 1　時制の落とし穴（1）
現在形と未来形の使い分け

問題　雨がやんだら，私は図書館に行きます。

▶▶▶ 誤答例：If it stops raining, I go to the library.

　さて，さきほどお約束したとおり，まず最初に動詞，そのなかでも時制の間違えやすい点をいくつか見ていくことにしましょう。上の誤答例で一番いけないのは，どこだかわかりますか？**「図書館に行く」の部分が，現在形で書かれている点**です。一言で言えば，これから出かけるのですから，**未来形**であるべきです。な〜んだ，という声が聞こえてくるようですが，これは非常に大切で，意外に間違えやすいところなんです。ちょっと確認しておきましょう。

	変わらない事実・習性	いま…している
動作を表す動詞	Cats eat fish. 猫は魚を食べるものだ。	The cat is eating fish. その猫はいま魚を食べている。
状態を表す動詞	Men love women. 男は女を愛するものだ。	He loves the girl. 彼はいまその子を愛してる。

動作動詞と状態動詞

　すご〜く当たり前のことですが，英語の動詞には，「話す」とか「遊ぶ」

というような**動作**を表すものと，「似ている」とか「持っている」というような**状態**を表すものと2種類あります。

この表でわかるように，**「状態を表す動詞」は現在形で，不変の事実や習性も表せるし，「いま…している」ということも表せる**わけです。ところが，**「動作を表す動詞」は，現在形では変わらない事実や習性しか表さない**，ということです。

それじゃあ，次の2つの文を比べてみてください。

① I go to school at seven.
② I will go to school at seven.

"go"というのは，動作を表す動詞です。ということは，①のように現在形で使うと，「いつも7時に学校に行く習慣だ」ということを表すわけです。「いつもはもう少し遅く出てるけど，今日だけは7時に行くぞ」というふうに**1回こっきりの動作を表すには，②のように，現在形以外，つまりこの場合は未来形を使わなければならない**，ということです。

ということは，最初の誤答例のように書いてしまうと，「私には雨がやむと図書館に行く習性がある」，つまり，真夜中でも雨がやむとガバッと起きあがって図書館に行くビョーキにかかっているみたいなのです。

日本語にははっきりした未来形がありません。「彼は午前中勉強する」という習慣も「このテレビが終わったら勉強する」という未来も同じ言い方になってしまうのです。こういう**日本語と英語とギャップがあるところは注意しましょう**ね。

> **ポイント** 動作を表す動詞は現在形で使うと**習性・不変の真理**しか表さない！

第1回　時制の落とし穴

ifとwhenの使い分け

　それと，誤答例にはもう1つまずい点があります。「…すると」と書いてあるとすぐみんな if を使うのですが，**if は「そうならない場合もある」**ことを意味します。つまり，「試験に受かったら…」はもしかしたら受からないかもしれないから if でいいのですが，「雨がやんだら…」の場合は，永久に雨がやまないなんてことはないわけですから，if じゃだめです。こういうときは **when を使うべき**です。

> **ポイント**
> if … そうならない場合もある
> when … いつかはかならずそうなる

正答　When it stops raining, I will go to the library.

例題　次の日本文を英語に訳しなさい。

1. 大人になったら，私は医者になる。
2. 現在の傾向が続くと 30 年のうちに 65 歳以上の人が 4 人に 1 人を占める。　　　　　　　　　　　　　　　　　　　　　　（東京大）

【別冊解答 p.1】

Lesson 2　時制の落とし穴 (2)
習慣は現在形で表す

問題　私は，朝は何も食べない習慣だ。

▶▶▶ 誤答例：I make it a rule to eat nothing in the morning.

　前のレッスンでは，現在形を使ってはいけない場合をやりました。今度は，その逆です。「～する習慣がある」と言うのに，この誤答例では"make it a rule to ＋不定詞"という有名な熟語を使っています。この熟語はかなり重要な熟語で知っている人も多いと思いますが，みんな，「～するのが常だ」なんていう日本語で覚えているので，よくこういう文例で使ってしまいます。

日本語表現に注意しよう

　けれども，この本の Part 2 をちょっと見てもらえればわかるように，日本語と英語とはいつでも一対一に対応するわけじゃありません。英語の単語や熟語を1つの日本語訳と結びつけて，それを機械的に英作文で使うと間違えの元です。

　"make it a rule to ＋不定詞"というのは文字通り「～することを自分で自分のルールにする」というわけですから，例えば勉強が大っ嫌いなんだけど，なんとか1日1時間，机に向かうことを自分にルールとして課す，とかいう感じで，「～するよう心がける」という意味を持った熟語なのです。

　ですから，この誤答例も（「誤答」というのは

ちょっと言い過ぎですが)，この人がダイエットを心がけていて，本当は朝ものすごい食欲があるのに，「いや，がまんがまん，やせるためだ」と，あえて食べないようにしているというのなら，この熟語を使ってもよいでしょう。

「習慣」➡「現在形」！

けれども，問題文からはそんなことはわかりません。ということは，前回やったことを思い出してください。無理してこんな熟語を使って間違えるより，習慣なんだから現在形で簡単に表現すればいいじゃないですか。でしょ？

もう1つ，きみたちの答案例で，よく目にするのが「必ず」というのに"never fail to＋不定詞"を使う癖です。例えば，「彼は寝る前に必ず風呂に入る」という日本語を訳すのに，

　　He never fails to take a bath before going to bed.
などとしてしまうのです。

しかし"never fail to＋不定詞"というのは，「ついつい(悪い癖なのに)やめることができずにしてしまう」という意味ですから，これでは「さっさと寝ればいいのに，風呂に入らずにはいられない」というような意味になってしまいます。これだって，要するに習慣なのですから，現在形を使って，

　　He takes a bath before going to bed.

とすればそれで終わりなのです。

> **☞ポイント**　「〜する習慣だ」「〜するのが常だ」「いつも〜する」
> ➡ 現在形で表す

PART 1　ここが大事!!　英作文のツボ

　それと細かいことなのですが，**nothing とか no one は主語としてだけ使います**。Nobody came.「誰も来なかった」というように。目的語では"否定文＋anything/anyone"が普通です。つまり，「彼は誰も招待しなかった」というのに，He invited no one. とは言わずに，He did**n't** invite **anyone**. とするわけです。

> ポイント　「誰も・なにも～ない」
> ➡ **主語**では nothing/no one,
> 　**目的語**のときは"not ＋ anything/anyone"

　それとさらに細かいことですが，in the morning は「午前中」ということでちょっと意味が広すぎますから，**for breakfast**「朝食として」といったほうがベターです。

正答　I don't eat anything for breakfast.

例題　次の日本文を英語に訳しなさい。
1. 彼は学校に行くのに7時30分のバスに乗るのが普通だ。
2. 私はかげで人の悪口を言わないことにしている。　　　（高知大）

【別冊解答 p.1】

Lesson 3

時制の落とし穴 (3)
現在完了形と現在完了進行形の使い分け

> **問題** 彼はその会社で 10 年間働いている。

▶▶▶ 誤答例：He has worked in the company for ten years.

　時制でもう 1 つ間違えが多いのが**現在完了形**です。現在完了形には，「経験，完了，継続，結果」と 4 つの意味があると中学校で習ったはずです。このうち，英作文で間違えやすいのが，「継続」と「結果」です。ここでは**「継続」の意味を持つ現在完了形**に関して確認をしていきましょう。

「継続」を表す現在完了形

　for …「…の間」や **since** …「…以来」をともなって，**「現在までずっと～しつづけている」**という意味を表したいときには現在完了形を使う，というのは知っていますね。ですけれど，ちょっと注意すべき点があります。この 2 つの文を比べてみてください。

　① I have known him for ten years.
　　「私は彼と 10 年間知り合いだ」
　② I have been studying English for ten years.
　　「私は 10 年間英語を勉強している」

　どちらの文も「現在までずっと～しつづけている」と，まったく同じ意味を表していますね。ところが，①では，have known というかたち，つまり現在完了形を使っているのに対し，②は have been studying という形，つまり**現在完了進行形**を使っています。意味がまるっきり同じ

なのに，違う形を使うのはヘンですよね。でも，これと同じようなことを Lesson 1 でやったのを覚えてますか？

　　I am studying English.「私は英語を勉強している」
　　I know him.「私は彼を知っている」

どちらも「今現在〜している」という意味なのに，片方は現在進行形を使っていて，もう片方は現在形を使ってますよね。これはなんで？
　生徒：**study は動作を表す動詞だけど，know は状態を表す動詞だから**です。

そうそう。同じことを表すのでも，動詞の性質によって，使う時制が違うわけですよね。継続の意味の現在完了形もまったく同じだということを覚えておいてください。

ということは，冒頭の問題も使っている動詞が work「働く」ということですから，動作を表す動詞と言えそうですよね。ですから，現在完了進行形を使うべきなんです。

それからこれも細かいことですが，「その会社で働く」というときに日本人は work in the company とやりたがるのですが, in はもともと「〜の中で」という場所を表す前置詞です。例えばパイロットは航空会社の社員ですが，あんまり会社の建物の中で働いていないですよね。だからネイティヴは work **for** the company と表現するようです。こういう前置詞の間違えやすいところはまたそのうちやりますから（→ p.130 〜，第 10 回『前置詞の悪夢』），いまはそれほど気にしなくてもいいです。

> 正答　**He has been working for the company for ten years.**

第1回　時制の落とし穴

　ちなみによくこれを He has been worked …としてしまう人がいます。この have been p.p. というのは，現在完了の受身の形ですよね。「働かれる」じゃわけがわからないから，当然これはだめですよ。

　まとめておきましょうね。

> **ポイント**
> 「〜以来(〜の間)現在までずっと〜している」
> ➡ 使う動詞が**状態**を表す動詞のときは
> 　現在完了形 have ＋ p.p.
> ➡ 使う動詞が**動作**を表す動詞の時は
> 　現在完了進行形 have been ＋〜ing

例題　次の日本文を英語に訳しなさい。

1. 私はドイツ語を6年間も勉強しているが断続的にやっているからものにならない。　　　　　　　　　　　　　　　　　（富山大）
2. ジョージの弟は5年間アメリカに暮らしている。

【別冊解答 p.2】

Lesson 4

時制の落とし穴 (4)

現在完了形と過去形の使い分け

問題 彼は仕事を辞めてしまって、いま別の仕事を探している。

▶▶▶ 誤答例：He retired from his job and is looking for another job now.

　現在完了というのは、ホント難しいです。「経験」を表す用法のように「～を××回したことがある」みたいなものや、前回やった「継続」の用法のように、「～以来、今までずっと～」というときには現在完了を使うのだ、ということはまだ納得がいくのですが、一番ぼくたちにわかりにくいのは、現在完了形の「結果」を表す用法というやつです。

「結果」を表す現在完了

　中学校の教科書でやったよね？ Spring **has come**.「春が来た」っていうやつ？ Spring **came**. というのとどこが違うって習ったかな？

　生徒：Spring has come. のほうは、春が来て今も春だっていうことを表すんですよね。

　先生：じゃあ、Spring came. のほうは？

　生徒：今は夏かな？（笑）

　うん、だいたい合ってますね。みんな何となくは知ってるんだよね。どちらも日本語にすると「春が来た」となってしまって違いがわからないんだけど、教科書的に言えば、現在完了は「現在と関わりのある過去」を表すのです。過去形は「現在とは切り離された過去」を表すのです。わかったような、わからないような説明ですね。

　もう少し、くだけた説明をしましょうか。誰かが、君たちに「お金貸

第1回　時制の落とし穴

して」って言ってきたとします。「いや，財布なくしちゃってさあ」と答えれば，だから，いま自分もお金がないという意味になりますよね。この **「〜しちゃってさあ」** というカンジが現在完了です。

　逆に日本史の先生が，「源頼朝が1192年に鎌倉幕府を建てちゃってさあ」って言ったらどうします？（笑）「だからどうした？」ってカンジですよね。**「だからいま〜」** というのが続かないと「しちゃってさあ」は変なわけです。鎌倉幕府の樹立は今とは無関係の歴史的事実です。

　だから「頼朝は1192年に鎌倉幕府を建てた」というふうに「〜した」でなければ変です。この **「〜した」が過去形** だと思えばいいでしょう。

> **ポイント**
> 「〜しちゃってさあ」 ➡ **現在完了形**
> 「〜した」 ➡ **過去形**

　ということは，問題も「仕事辞めちゃってさあ今求職中だ」というわけだから，**現在完了で書かないとおかしい** のがわかりますね。

> **正答**　He **has quit** his job and is looking for another now.

　「辞める」がretireでないのは，Part 2を参照してください（→ p. 197）。それから，another jobの"job"は書いても間違いじゃないですが，省略しました。

　それから，この用法の現在完了形は，一般論を述べる文で非常によく

出てきます。「食べ過ぎたときには眠くなる」を訳して，キミ。

生徒：When you **have eaten** too much, you feel sleepy.

よくできました。「食べ過ぎた」って日本語では過去形でもよいように思えますが，ダメです。「食べ過ぎちゃってさあ，眠いよ」というわけだから。これは覚えておくといいです。一般論は現在形で書くわけですが，そうするとそれと関連のある，それより前の出来事は現在完了形で書かれるわけです。

> **ポイント** 一般論を述べる文は現在形と現在完了形だけで書く。

例題 次の日本文を英語に訳しなさい。

1. いったん喫煙の習慣を身につけてしまったらやめるのはたいへんだ。 （小樽商科大 改）
2. インターネットによって私たちは世界中の人々と交信できるようになった。 （青山学院大）

【別冊解答 p.2】

Lesson 5

時制の落とし穴（5）
過去進行形の使い方

> **問題** 彼が昨日電話をしてきたとき，ぼくはテレビを見ていた。

▶▶▶ 誤答例：When he called me yesterday, I watched TV.

　時制の話もそろそろあきてきたかもしれないけど，もうひとふんばりです。現在形，現在完了形に続いて，君たちが英作文でうまく使えないもう１つの時制が，**過去進行形**です。

「点と線の関係」

　早い話，上の誤答例をもしそのまま日本語に訳すと，「昨日彼が電話をしてきたとき，私はテレビを見た」っていう感じです。この日本語，なにか変ですよね。これじゃあ，電話が鳴った瞬間に，「やばい，電話がかかってきた！ 聞こえないふりしよう」っていうんで，あわててテレビのスイッチをオンにしたみたいですよね(笑)。

　ほんとうは，例えば２時間なら，２時間，テレビを見ていた。その時間帯のうちのどこか一瞬に電話が鳴った，というそういう関係になっているわけなんですよね。よく，こういうのを**「線と点の関係」**っていうんです。
　テレビを見るほうは時間的に幅があるから線で，電話が鳴るほうは一瞬の出来事だから点ですね。

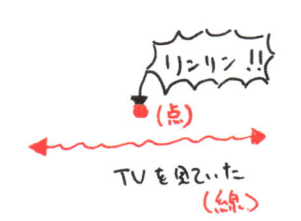

　で，こういうときには，日本語でも，「昨日彼が電話をしてきたとき，私はテレビを見ていた」というふうに，「見た」ではなく「見ていた」

と表現するわけです。この**「〜していた」**とか**「〜している最中だった」**に当たる表現が英語では**過去進行形**なわけです。

> **ポイント**　「〜していた」「〜している最中だった」
> ➡ **過去進行形**を使う

ですから，冒頭の問題の正しい答えもこうなります。

正答 When he called me yesterday, I **was watching** TV.

過去形で表す場合は？

ただひとつ誤解しないでほしいのは，**「時間的に幅のある」出来事をすべて過去進行形で表すわけではない**，ということです。例えば，ふつう大学というのは4年間通いますよね。留年しなければ(笑)。4年間といえば，結構長い時間です。だからといって，大学で学ぶ，というのをいつでも過去進行形で表すわけではないのです。

例えば，「キミ，どこの大学出身？」ってきかれて，「早稲田です」っていうときに，日本語でも「早稲田で勉強している最中でした」とは言いませんよね。「早稲田で勉強しました」でいいわけです。だから，英語でも単純に過去形で I **studied** at Waseda University. です。

けれども，彼がその在学中に学生結婚したとしたら，

　　He got married when he **was studying** at Waseda University.

というように過去進行形を使うわけです。だから，「線」で表す，とい

第1回 時制の落とし穴

うのは，現実の時間の長さとはあまり関係がないんですね。「線」の表現が使われるのは，必ず**「点」の表現があって，それと対比するときにだけ登場する**のです。別の言い方をすれば，**過去進行形は単独で，つまり過去形の文とくっつかずに，使われることはまずありません**。こういうのを「従属時制」っていうんですね。

例題 次の日本文を英語に訳しなさい。

1. 昨年の夏北海道を旅行していたとき，私は何年も会わなかった友人に出会った。　　　　　　　　　　　　　　　　　　（島根大）
2. 私がその手紙を受け取ったのは，朝食を食べているときだった。

【別冊解答 p.3】

Lesson 6 時制の落とし穴（6）
「過去から見た未来形」の使い方

▶▶▶ **問題** 翌日彼女に会うので，彼は早く寝ることにした。

▶▶▶ 誤答例：He decided to go to bed early because he will meet her tomorrow.

時制の盲点中の盲点

さて，長らくやってきた時制も今回で最後です。いろいろ時制の盲点と思えるものをやってきましたが，今回はそんな盲点中の盲点です。今までのものは，現在形とか現在完了形とか，名前がついていましたが，今度のは名前すらない……。あえて，名前をつければ「過去から見た未来形」です。

例えば，今日は晴れてますね。なのに傘を持ってる人も結構いますよね。まあ，おそらく今日はこのまま降りそうにないですから，傘は完全にお荷物ですね。ご愁傷様です。帰り道，電車に忘れてこないように（笑）。

で，ちゃんと忘れずに家にたどりついて，「ただいま」って言うと，君たちのお母さんが「あら，なんだ，傘持っていったの⁉」って。さあ，君たちはなんて答えますか？「だって，雨が降ると思ったんだもん」ですよね。突然で恐縮ですが，英語でこれ，言ったらなんてなりますか？

生徒：えっと…ん〜。I thought that it ……

そう，その次の"rain"の時制なんですよ。微妙でしょ。朝出かけたときから見ると雨が降るのは未来のことです。けれども，もう家に帰ってきてしまっていて，すべては過去の出来事になってしまっている。まさ

第1回 時制の落とし穴

に,「雨が降る」というのは,「朝出かける」という **「過去の時点」から見た「未来」** なわけです。この「過去から見た未来」を表すのは助動詞の **"would"** なんです。

　中学校の頃,"will"というのは,未来を表すものと習ったと思います。その後 will の過去形は would だと習った。なんで,未来を表すものに過去形があるんだって不思議に思いませんでしたか。こういうときに使うんですよ。

　じゃあ,さっきのキミ,名誉挽回にさっきの英作文をもう一度やってみてください。

　生徒：I thought that it **would** rain.

　そうです。それで,**「雨が降ると思ったんだもん」**です。または,will と同じと習ったはずの be going to を過去形にして,**was[were] going to** を使ってもいいです。

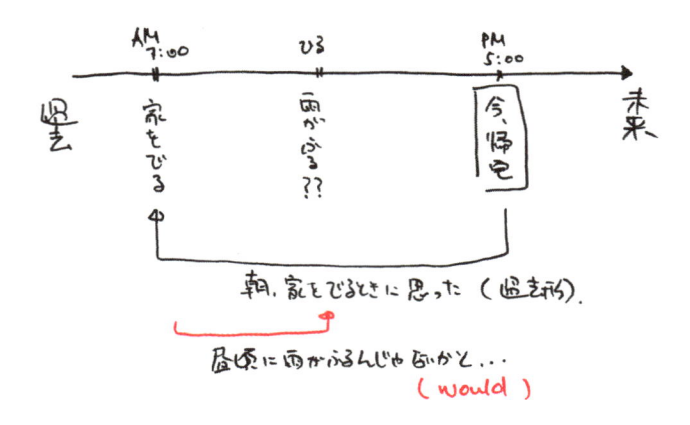

I thought (that) it **was going to** rain.

　それじゃあ,冒頭の問題に戻りましょう。デートをするのは,早く寝た日という過去の時点から見た未来ですから,当然 would を使います。

あと，副詞にも気をつけてください。今日から見た明日はもちろん tomorrow ですが，過去のある時点から見た「翌日」は **the next day** です。同様にいくつかまとめておきましょうね。

> **ポイント**
>
> 「過去から見た未来」…"would または
> was[were] going to ＋不定詞"
> 副詞に注意！
> 「その日」　that day
> 「前日」　　the day before
> 「翌日」　　the next day
> 「その晩」　that evening　　など

正答 He decided to go to bed early because he **would** meet her **the next day**.

例題　次の日本文を英語に訳しなさい。

1. 1955年にアメリカに帰るとき，私は一生で二度とふたたび日本に戻ることはないだろうと思っていた。　　　　（大阪女子大）
2. なぜあの本を私に貸してくれると言ってくれなかったのですか？
（関西学院大）

【別冊解答 p.3】

第2回 第5文型のツボ

Lesson 7　第5文型のツボ (1)
注意する知覚動詞 hear

問題　私は彼らがレストランで口論しているのを耳にした。

▶▶▶ 誤答例：I heard that they were arguing in the restaurant.

　さて、ここからしばらく**第5文型**について勉強していきましょう。第5文型というのは知っていますね。早く言えば、**2組の主語述語を組み合わせて表現する**やりかたです。ちょっと日本語で考えてみますが、例えば「私はこの本が簡単だと思う」という文、「私は」＋「思う」という部分も「主語＋述語」ですが、「この本が」＋「簡単だ」という部分も「主語＋述語」です。

2組の「主語＋述語」がある文

　さて、これを英訳するとどうなりますか？
　生徒：あ、はい。**I think that this book is easy.**
　結構です。1つのやり方は、いま答えてもらったように、**that節を使うやり方**ですよね。そうすると、"I think"という「本物の主語＋述語」とは別に、that節の中に"this book is …"という「もう1つの主語＋述語」をもってくることができますからね。けれども、もう1つやり方がありますよね。きみ、どうですか？

生徒：えっと……。**I think this book easy.** かな？

そうです。よくできました。**第5文型**を使って，答えてもらいました。第5文型というのは，このように**"I think"という「主語＋述語」のあとに，「もう1つの主語＋述語」にあたる単語や語句を続けて並べるやり方**ですよね。この場合は，"this book"という主語と"easy"という述語がそのまま並べられています。

第5文型の約束ごと

もちろん普通の文では"This book easy."じゃ文になりませんが，第5文型の場合には，ここの述語のところに形容詞だけ置けばよいという決まりになっているわけです。

もう1つくらい考えてみましょうか？「私は，彼がもっと英語を勉強するよう忠告した」。これも2組の主語述語がある文です。これを英訳すると？

生徒：I **advised** him **to study** English harder.

そうですね。第5文型で答えてもらいました。"I advised"という「主語＋述語」のあとに「彼が英語を勉強する」という「もう1つの主語＋述語」が並んでいます。もちろんこれも普通の文で，"Him to study English harder."じゃあ文になっていないですよね。

この2つの例でわかったと思いますが，第5文型というのは，「本物の主語＋述語」のあとに「もう1つの主語＋述語」が来るわけなのですが，「もう1つの主語＋述語」の方は少しくせがあって，**まず主語のほうは，目的格にすること**(例えばheじゃなくてhimというように)，それから**述語のほうは形容詞だけだったり，to不定詞になったりする**，ということです。

ところで，さっきの文をほかの形でも言い表せませんか？

生徒：えっ!?　……

さっきと同じように，that 節を使って，

　　I **advised that** he should study English harder.

としてもいいんですよ。まとめてみましょうか？

「思う」
　　think that S ＋ V　←—**交換可能**—→　think ＋名詞＋形容詞

「忠告する」
　　advise that S ＋ V　←—**交換可能**—→　advise ＋名詞＋ to 不定詞

　いいですか。ここが重要なところです。注意して聞いてください。「思う」とか「忠告する」とか，世の中には，どうしても**「2 組の主語＋述語」が必要になる動詞がある**のです。そして，多くの場合，**その「2 組目の主語＋述語」は that 節を使うか，第 5 文型を使って表すかの 2 つのやり方がある**と言うことです。

　そして，第 5 文型を使う場合には，2 組目の述語の部分が，場合によっては**形容詞**を入れることになっていたり，**to 不定詞**だったりします。これはある程度，**1 つ 1 つの動詞について覚えていかなければならない**，ということです。

知覚動詞 hear, watch, feel

　さて，「私は彼らがレストランで口論しているのを耳にした」についてようやくここで考えてみましょう。誤答例では，

　　I heard that they were arguing in the restaurant.

というように that 節を使うことによって，「私は…耳にした」という「主語＋述語」と，「彼らが…口論している」という「主語＋述語」とを

表しています。それでは，これを第 5 文型を使って書き直してみましょう。どうですか？

　生徒：えっと……。I **heard them arguing** in the restaurant.

　そうです，よくできました。"I heard …"という「主語＋述語」のあとに，「彼らが口論する」という部分を"them arguing …"としてくっつけましたね。自然に述語の部分を**～ing 形**にしたところをみると，さすがにどこかで，少しは習ってるな。

　advise の場合は，

> I advised him **to study** English harder.

というふうに述語の部分が **to 不定詞**になっていました。

　一応，文法事項のおさらいをしておきましょう。hear は**知覚動詞**として使われます。知覚動詞というのは，「見る」（watch, see など），「聞く」（hear など），「感じる」（feel など）などで，**これらは第 5 文型で使われると，「もう 1 つの述語」の部分が原形か～ing 形になる**のです。

　例えば，「私は子供たちが遊んでいるのを見た。」というのは，

> I saw the children **play**.　または，
> I saw the children **playing**.

のいずれかとなるわけです。原形にするのと，～ing 形にするのは，同じようなものですが，あえて言えば，～ing 形は進行形と同じようなものだと思ってください。

　つまり，原形を使うと「…が～するのを見る」なのに対して，～ing 形を使うと「…が**～している**のを見る」というくらいの違いです。あまり違いません。でも例えば「私はよく人々が時は金なりというのを聞く」なんていう文を訳すときには，原形を使って

I often hear people say that time is money.

としたほうがいいでしょう。その理由は，習慣は現在形ということを思い出してくれればわかると思います。

> **ポイント**
> 知覚動詞（＝「見る」「聞く」「感じる」）
> hear[watch, feel など]＋名詞＋原形[～ing 形]

hearの注意すべき使い方

さて，ここまでは文法でも習うことなんですが，問題はここからです。think でも advise でも，「2 組の主語＋述語」を that 節を使っても，第 5 文型を使っても書くことができました。

そうすると，今回の問題でも，I heard that they were arguing … と that 節を使っても，I heard them argue[arguing]と第 5 文型を使っても構わないはずじゃないですか。たしかに，本当のことを言うとどちらも文法的には正しい文なのです。

ところが，hearの場合は，例外的なことなのですが，どちらの文型をとるかによって意味がちょっと変わってくるのです。

「あいつが試験に受かったって聞いたよ」「あいつが怒鳴るのを聞いたよ」どこがちがいますか？

そうなんです。英語も同じなんです。hear には，本当に音を聞くという意味のほかに，うわさに聞くという意味もあるんです。

そして，that 節をとった場合には「うわさに聞く」，第 5 文型で使った場合には「音を聞く」の意味になるんです。だから，誤答例は，文法的に間違っていないんだけど，「彼らが口論していたらしいよ」という意味になってしまうんです。

34

PART 1　ここが大事!!　英作文のツボ

> **ポイント**
> hear that S + V … 「(うわさで)聞く」
> hear ＋名詞＋原形[～ing 形] … 「(音を)聞く」

正答　I heard them arguing[argue] in the restaurant.

例題　次の日本文を英語に訳しなさい。
1. 真夜中に誰かがドアをノックするのを聞きました。
2. 彼女が約束を破ったと聞いて彼は驚いた。　　　　　（関西学院大）

【別冊解答 p.3】

Lesson 8　第5文型のツボ (2)
注意する知覚動詞 see

問題　私は今日道で子供がトラックにはねられるのを見ました。

▶▶▶ 誤答例：I saw that a child was hit by a truck today.

see ＝「見る」だけではない

　さて，知覚動詞の話の続きです。最初に聞いておきますが，"see" っていう単語，どういう意味を持っていますか？

　生徒：「見る」……。
　先生：それから？
　生徒：……。

　「見る」しか知らないって言うのは，作文だけじゃなくて，文法問題や読解問題のことを考えてもやばいな。まず1つは**「わかる，理解する」**という意味です。

　　From the way she spoke, I saw that something had happened to her.
　　「彼女のしゃべり方から，何かが彼女に起こったということがわかった。」

　もう1つは，**「配慮する」**という意味があります。

　　Please see that every door is locked.
　　「すべてのドアにカギがかかっているようにしておいてください。」

どちらの意味の時も that 節をとります。逆に,「見る」という意味の時には絶対に that 節をとることはできず,知覚動詞として第5文型を使わなければならないのです。"hear" と同じです。

I saw a child play［playing］.

という形で「私は子供が遊ぶのを（遊んでいるのを）見た」となるのです。まとめておきましょう。

> **ポイント**
> see that S + V … 「理解する」「配慮する」
> see ＋名詞＋原形［〜ing 形］ … 「見る」

というわけで,今回の問題も that 節を使ってしまったのがいけなかったのです。そうすると,まず1つの解決策は,

正答 ① **I saw a truck hit a child on the street today.**

この文は hitting にしても文法的には正しいが,「トラックがひきつつあるのをみる」と言うのもヘンだから原形の方がベターですね。

または,知覚動詞で「もう1つの主語＋述語」が,受身の関係にある場合は,「述語」の部分を過去分詞か,being ＋ p.p. の形にすればいいんだということは知ってますね。

例えば,

I heard my name called on the street.
「私は,道で名前を呼ばれるのを聞いた」とか,
I saw the house being pulled down.
「私は,その家が壊されつつあるのを見た」

第2回　第5文型のツボ

というふうに使えるんでしたね。

> **ポイント**
>
> 知覚動詞＋名詞＋ p.p.
> 「…が〜されるのを見る[聞く]」
> 知覚動詞＋名詞＋ being p.p.
> 「…が〜されつつあるのを見る[聞く]」

ということは，問題文の「子供がひかれる」という受身に忠実に英語にするなら，

正答 ② **I saw a child hit** by a truck on the street today.

とすることもできるわけです。ただしこの **hit はもちろん過去分詞**です。

例題　次の日本文を英語に訳しなさい。

1. 街にたくさんの空き缶が捨てられているのを見て私はショックをうけた。　　　　　　　　　　　　　　　　（一橋大 改）
2. 陽気がよくなるとロンドンの公園では，人々が水着で芝生に寝そべるのを見かける。　　　　　　　　　　　（埼玉大）

【別冊解答 p.4】

Lesson 9　第5文型のツボ (3)
使役動詞の使い方

> **問題**　彼女は髪を短く切って，少女のようだ。

▶▶▶ 誤答例：She cut her hair short and now looks like a little girl.

　さて，知覚動詞がわかったところで，もう少し第5文型の動詞をやっていきましょう。今回は**使役動詞**です。少なくとも名前くらいは聞いたことありますね。

make，have，let使役動詞

　ところで，今回の誤答例は，どこがまずいのかな？ 今回は，文法的には正しいです。でもこれだと，自分で髪を切ったことになっちゃいますね。もちろんそうかもしれませんが，たぶん床屋さん，あっ，女の子だから美容院，で切った（切ってもらった）んですよね。

　日本語ってこういうとこ，ルーズですよね。自分で治したんじゃなくても「親不知を抜いた」とか言っちゃうでしょ。自分で抜いたらすごい（笑）。「抜いてもらう」と言うべきですよね。歯医者に頼むんだから。

　だから，こういうところは，**日本語で簡単に書いてあっても，常識的に考えて，補うべきところは，補って訳さないとならない**わけです。で，使役動詞の出番になるわけです。**使役動詞は3つあります。make と have と let** ですね。まず意味の違いをしっかりまとめておきましょう。

> **ポイント**
> make … 相手がいやがっていることを無理矢理させる
> have … 客や上司や親といった上の立場にある者が下の者にやらせる
> let …… 相手が自発的にやりたがっていることをするのを許す

ということは，意味的に考えて「美容師に髪を切らせる」は have を使うのが良さそうですね。

そして，3つの動詞のいずれも，例えば「わたしは，彼がカバンを運ぶようにさせた」というように**「2組の主語＋述語」を組み合わせて使う動詞だから，第5文型を使う**ことになるわけです。ということは，「第2の述語」の部分の形はまた要注意ですね。make を例に見てみましょう。

Their teacher made them learn that poem by heart.
「彼らの先生は，彼らがその詩を暗記するようにさせた」
She made her room cleaned immediately.
「彼女は自分の部屋がすぐ掃除されるようにさせた」

知覚動詞のときと同じように，"Their teacher made …"とか"She made …"という「主語＋述語」のあとに，「もう1つの主語＋述語」が並ぶわけです。そして，そこが「彼らが…暗記する」というように**能動の場合には原形（知覚動詞と違い〜ing 形はダメですね）**，「部屋が掃除される」というように**受身の場合は過去分詞を使う**わけです。

PART 1 ここが大事!! 英作文のツボ

> **ポイント**
>
> 使役動詞＋名詞＋原形
> 　「〜が…するようにさせる・許す」
> 使役動詞＋名詞＋p.p.
> 　「〜が…されるようにさせる・許す」

ということは，「美容師が切るようにさせる」と考えるか，「髪が切られるようにさせる」と考えるかによって，これも2つ答えが考えられます。

正答
① She had the hairdresser cut her hair short and now looks like a young girl.
② She had her hair cut short and now looks like a young girl.

わざわざ「美容師」という言葉を入れる必要もないですから，こういうときは，正答②のほうがベターでしょう。

例題 次の日本文を英語に訳しなさい。
1. この時計壊れてるな。直した方がいい。
2. 自宅に住んでいると，食事も洗濯もみんなお母さんまかせだ。

（大阪大 改）
【別冊解答 p.4】

Lesson 10　第5文型のツボ (4)
経験被害動詞の使い方

問題　わたしは友達に 30 分以上も待たされた。

▶▶▶ 誤答例：I was waited for more than thirty minutes by my friend.

　今回もみんな間違えやすいところです。もう少しあとで受身の文について勉強するときにも説明しますが，**「～される」という日本語は必ずしも，受身を意味しない，**ということを肝に銘じておいてほしいのです。

経験被害動詞って何？

　じゃあ，ちょっとクイズです。「彼が彼女を愛する」っていう日本文があるとしますね。これを受身にすれば「彼女は彼に愛される」です。当たり前。同じように次に言う日本文を受身にしてください。「彼女は私の頭を叩いた」どうですか？

　生徒：「私は彼女に頭を叩かれた。」
　先生：わはっはっ，ひっかかったな！「私の頭は彼女に叩かれた」じゃないの？
　生徒：あっ，しまった！（笑）
　先生：ほかの人もわかりましたか？　じゃ，もう 1 問。「彼女はぼくのケーキを食べた」どうですか？
　生徒：「ぼくのケーキは彼女に食べられた。」

そうそう。今度はひっかからなかったね。ほかの人たちもわかりましたか？「彼女がケーキを食べる」というのが能動です。逆にして「ケーキが彼女に食べられる」が受身です。けど，日本語では「私は，ケーキを食べられてしまった」とも言いますよね。**この場合も「〜される」と表現しますが，これは受身じゃないです**よね。だって，主語は「私は」ですよ。「私は…食べられた」じゃあ，人喰い人種ですよ(笑)。

　だから，**日本語のこういう「〜される」は受身じゃなくて，被害を表す**のです。英作文でもここに十分注意してください。「私は花瓶を割られてしまった」なんて文を訳せって言われると，

　　　I was broken my vase.

なんてやる人が本当に多いんです。これだめですよね。「私が…割られた」って救急車呼ばなきゃ（笑）。受身じゃない，被害の「〜された」ですから，受身にはできません。

　　　My vase was broken.

こういうふうに，「花瓶」が主語ならもちろん受身にできますがね。結構，注意が必要でしょ？　で，こういう「私は花瓶を割られた」みたいな文を訳すときに，ちゃんと「花瓶」を主語にして受身で表現してもいいんですが，実はもう1つやりかたがあるんです。それが今回やることです。

　それは**経験被害動詞を使って，第5文型で表現する**やり方です。経験被害動詞はいくつかありますが，英作文する上では2つ，**keep**と**have**を理解しておけばいいでしょう。

> **ポイント**
>
> 経験被害動詞
> keep … 自分の意志で、「〜が…しつづけるようにさせておく」
> have … 自分の意志とは無関係に「〜が…しつづけるのをほうっておく」

keepとhaveの使い分け

　たぶん、keepのほうはある程度なじみがあるでしょうから、keepでまず考えてみましょう。「上司は私たちが働いているのをそのままにさせておいた」という文は、「上司…そのままにさせておいた」と「私たちが働いている」という2つの「主語＋述語」がありますから、いままでやった使役動詞や知覚動詞などと同じように、第5文型で表現します。

　　Our boss kept us working.

「働いている」の部分が必ず〜ing形になるのが、経験被害動詞の特徴です。

　逆にこんな文はどうでしょう。「私は犬を木に結びつけておいた」。

　　I kept my dog tied to the tree.

「私が…そのままにしていた」のは「犬が木に結びつけられている」という状態です。使役動詞などと同じようにここが「犬が…結びつけられる」というように受身になるときには過去分詞で表すのが文法上の約束です。

> **ポイント**
>
> 経験被害動詞＋名詞＋…ing
> 　「～が…するのをほうっておく」
> 経験被害動詞＋名詞＋過去分詞
> 　「～が…されるのをほうっておく」

それで，have も keep と形の上では同じように使えばいいのです。have は「持つ」という意味のほかにも，使役動詞で使ったり，いろんな役目をしますが，**経験被害動詞で使うと，「他人がなにかをしているのを（されているのを），指をくわえて見ている」**というくらいの意味になります。

意味的にはさっきまとめたように keep が「～させる」というカンジなのに対し，have は自分の意志とは無関係に行われることを指をくわえて見ている，というカンジです。

> I can't **have** you **telling** a lie.
> 「君が嘘をついているのを指をくわえて見ているわけにはいかない」
> I **had** my wallet **stolen** in the market place.
> 「私は市場でさいふが盗まれるのを手をこまねいているしかなかった」

こんなカンジですね。

これを使うとさっきの被害の「～される」はすごくうまく英語に訳すことができるのがわかりますか？ もう1回さっきの「私は花瓶を壊された」を考えてみましょう。**「花瓶が壊される」**のを**「私は指をくわえて見ていた」**と考えれば，

I had my vase broken.

となるわけです。どうですか，便利でしょ。ちゃんと日本語と同じように「私」を主語にしてうまく表現できましたね。

　それでは，最初の問題に戻りましょう。よく考えてみれば「私が友達を待った」と言っているだけです。全然受身にする必要はないですね。

　　I waited for my friend.

と能動態で書けば十分です。あえて「待たされた」と被害を表わしたいなら「私が待っている状態に友達がほうっておいた」と考え，

　　My friend kept me waiting.

です。たとえ受身にするのでも，「待たされた」という受身になるのではなく「ほうっておかれた」という受身になると考え，

　　I was kept waiting.

としなければいけません。

> **正答** My friend kept me waiting for more than thirty minutes. または
> I was kept waiting for more than thirty minutes by my friend.

例題　次の日本文を英語に訳しなさい。
1. 私たちはハイキングを突然の雨によって台無しにされた。
2. 私は日本人は礼儀正しい国民だと思っていた。日本に来て，私は夢をこわされた気がする。　　　　　　　　　　　　　（静岡大 改）

【別冊解答 p.5】

Lesson 11 第5文型のツボ（5）
第5文型でto不定詞をとる動詞

問題 彼は仕事でニューヨークに行かざるをえなかった。

▶▶▶ 誤答例：He could not help going to New York on business.

さあ，第5文型の話も今回で最後です。今まで第5文型として**「知覚動詞，使役動詞，経験被害動詞」**と3種類やってきました。どれも「2組の主語＋述語」を使う文を表現するのにうまく使えるということがわかったでしょうか？

「2組の主語＋述語」のうち，後ろのほうの述語は原形だったり，〜ing形だったり，いろいろな形になって面倒くさいですが，これは，ぜひ**しっかりマスターしておかなければダメ**です。

第5文型を作るその他の動詞

それで，第5文型を作る，もう1つの動詞のグループがあるのです。これには，なぜか，「知覚」とか「使役」といった名前がついていないのですが，以前こんな文をやりましたね。

I **advised** the student **to study** harder.
「私はその学生がもっと一生懸命勉強するように忠告した」

「私は…忠告した」という「主語＋述語」に対して，「その学生が…勉強する」という「もう1つの主語＋述語」がある。この述語のところが**「to不定詞」**になるのが，この第5文型の4つ目のタイプの動詞です。このタイプの動詞で知っているものは，結構ありますね？ 主なものを

第2回　第5文型のツボ

確認しておきましょうか。

> **ポイント**
> tell ＋名詞＋ to 不定詞　　「〜が…するよう命じる」
> ask ＋名詞＋ to 不定詞　　「〜が…するよう頼む」
> want ＋名詞＋ to 不定詞　　「〜が…するよう望む」
> tempt ＋名詞＋ to 不定詞　「〜が…する気にさせる」
> oblige ＋名詞＋ to 不定詞
> 　　　　　　　　　　「〜が…するよう余儀なくする」

まだまだありますが，このくらいにしておきましょう。だいたい知っているものだったんじゃないですか？　それじゃあ，これを使って1つ英作文をしてもらいましょう。「カレは突然中国語を勉強したくなった」どうですか？

生徒：えっ!?
先生：何らかの事情によって**「〜する気にさせられた」**わけだから…
生徒：あっ！　そうか。He **was tempted to** study Chinese.

結構です。そういうふうに，受身でも利用価値が高いですよね。ということは，最初の問題も「ニューヨークに行くことを余儀なくさせられた」と考えればこんなふうに書けますね。

正答 ① He **was obliged to go** to New York on business.

またはもちろん，もっと簡単に have to を使ってもいいです。

正答 ② He **had to go** to New York on business.

"cannot help 〜ing"の使い方

　誤答例の"cannot help 〜ing"というのは，よく熟語集などに「〜せざるをえない」なんて書いてあって，受験生はよく使うのですが，これはあくまでも **「無意識についつい〜してしまう」** という意味です。例えば，

　　I **could not help laughing** at his joke.
　　「私は彼の冗談についつい笑ってしまった」

というように使うのです。まさか，気がつくと無意識のうちについニューヨークに行ってしまうというのではないでしょうから，ここで使うのはヘンなんです。

例題　次の日本文を英語に訳しなさい。
1. 近頃，どの親も子供を大都市の大学に進ませたがっている。

(愛媛大)

2. 終電を逃してしまったのでタクシーをひろわざるをえなかった。

【別冊解答 p.5】

第3回 受身の盲点

Lesson 12　受身の盲点（1）
受身の時制に注意

問題　曲が演奏されているときに突然誰かの携帯が鳴った。

▶▶▶ 誤答例：Someone's cellular phone rang while the song was played.

　今回はまず，単語の話からしましょうか。「携帯電話」っていうのは，英語でなんて言うか知っていましたか？　いくつか言い方があるのですが，アメリカで一番ポピュラーな言い方は **a cellular phone** です。日本の電話会社の社名にも「××セルラー」ってありますから，覚えられますね？

　最近の世相を反映してよく入試で出てきます。ちなみに「ドコモ」っていう英語はないですよ（笑）。

受身の表し方

　さて，今回のポイントは受動態の時制です。すごく当たり前のことなのですが，**受身の文の時制は，能動態の文の時制と同じ**ということです。つまり，能動態で進行形を使うべき文には，受身でも進行形を使う，ということです。能動態で完了形を使うべき文には，受身でも完了形を使う，ということです。

　まず，念のため，受身の時制の作り方を確認しておきましょう。受身

は,「be ＋ p.p.」です。**この be 動詞をそれぞれの時制にすればいいのです**。例えば,進行形は「be ＋ 〜ing」ですから,**「be being ＋ p.p.」が受身の進行形の形**です。完了形は「have ＋ p.p.」ですから,**「have been ＋ p.p.」が受身の完了形**です。

> **ポイント**
> 受身の時制は能動の時制と同じ！
> 進行形 … be being ＋p.p.
> 完了形 … have been ＋p.p.

能動態で考える

例えば,「橋が今,建設中だ。」ってなんて言いますか？

生徒：えっと… A bridge is built now.

それじゃ,ダメです。今,現在形を使いましたね。今の文を能動に直すとどうなりますか？

　　They build a bridge now.

と,こうですよね。この文は正しいですか？ Lesson 1 でもやったように,"build" という動作を表す動詞を現在形で使うと,習慣しか表せないわけですから,これではまずい。**進行形**で,

　　They **are building** a bridge now.

と言うべきですね。ということは,受身で書くのでも進行形を使って,書かなければならないわけです。

　　A bridge **is being built** now.

これが正解です。ということは,冒頭の問題に戻りますが,Lesson 5 でやった,**「線と点の関係」**を覚えていますね。「曲を演奏中」という「線」の中で,「電話が鳴る」という「点」が起こったわけですから,**「点」**は

第3回　受身の盲点

過去形で書くとして,「線」の部分は過去進行形でなければならないわけです。能動態で書くなら,

  Someone's cellular phone rang while they **were playing** the song.

です。ということは受身で書いても次のようになりますね。

> **正答** Someone's cellular phone rang while the song **was being played**.

無理に受身で書く必要はないですが,もし**受身を使うときにはいったん能動態で考えてみる**ことが大切です。

例題　次の日本文を英語に訳しなさい。
1. 日本では昔から働くのは善だと考えられてきた。　　（名古屋大）
2. インターネットによって人々をへだててきた数々の障壁が取りのぞかれようとしている。　　（京都大）

【別冊解答 p.5】

Lesson 13 受身の盲点（2）
動詞の語法に注意

問題 赤ちゃんはちゃんと世話をされなければいけない。

▶▶▶ 誤答例：Baby must be cared properly.

前にも第5文型のところで少し扱いましたが，**能動態の目的語が主語になるのが受け身の文である**．ということをもう一度確認しましょう。

例えば，前にもやりましたが，「私はお金を盗まれた」という文をもう一度考えてみましょう。"steal"という動詞は**"steal 物 from 人"**という形で使います。

Someone stole my money from me.

この文の目的語は"my money"ですから，受け身にしたときに主語になるのはもちろん"my money"です。

My money was stolen from me.

目的語の my money を主語にして，「お金が私から盗まれた」というカンジの受け身の文しか作ることができないのです。間違っても，

I was stolen my money. （×）

はダメです。どうしても日本語と同じように「私」を主語にしたいなら，**経験被害動詞の have** を使って，

I had my money stolen. （○）

とするんでしたね。

第3回　受身の盲点

熟語の受け身

　ところで，おそらく文法の授業で習ったことがあると思うのですが，「熟語の受け身」って言われるやつがあるよね。例えば有名な問題だけれど，「私は英語で話しかけられた」ってどう言えばいいんだっけ？

　生徒：I was talked to in English.

　そうそう，よくできたね。

> Someone talked to me in English.
> 　　S　　　　V　　　　O

　"talk to"みたいな熟語は，こんなふうに，**あわせてひとつの動詞句と考えて，受け身を作ることができる**んだったよね。ただしポイントは，"talk to"をあわせてひとつの動詞と考えて受け身を作るのだから，

> I was talked to.

のように be + p.p. の過去分詞のところに**ちゃんと"to"まで入れてあげないとダメ**っていうことだ。

> I was talked.　（×）

だけでも「私は話しかけられた」と意味が通じそうだけどダメだよ。

名詞を含む熟語の受け身

　もうすこし高級なやつもやってみようか。例えば，

> People paid little attention to his warning.
> 「人々は彼の警告にはあまり注意を払わなかった」

こんな文を受け身にしてみようか。

PART 1　ここが大事!!　英作文のツボ

　生徒：Little attention was paid to his warning. でいいんじゃないすか？

　そうそう，それでもいいね。でももう１つ受け身ができるよ。

　生徒：？？？

　さっきの talk to も熟語，今度の pay attention to も熟語，って言ってしまえばそれまでなんだけど，pay attention to のほうは"attention"っていう名詞を含んでいるでしょ。こういう**名詞を含む熟語は２通りに受け身ができる**んだ。

　１つめの考え方は，「文法派的考え方」と呼ぶことにしようか。いくら pay attention to ～が熟語とはいえ，やはり「注意を払う」という日本語どおり，attention がこの文の目的語だと考える考え方だ。こんなふうにね…。

　<u>People</u> <u>paid</u> <u>little attention</u> to his warning.
　　　S　　　V　　　　O

だとすると受け身はどうなるかな？

　生徒：Little attention was paid to his warning. でいいのかな？

　そうそう。さっき出してもらった答えがこれだね。「わずかな関心しか払われなかった」っていうカンジの受け身だね。ところがもう１つの考え方がある。こちらは「熟語派的考え方」と呼ぶことにしよう。あくまでも pay attention to ひとかたまりで「～に注目する」という熟語だと考える考え方だ。こんなふうに……。

　People　paid little attention to　his warning.
　　S　　　　　　V　　　　　　　　　O

こんなふうに考えると，最初にやった talk to の受け身と同じような受け身ができるよね？……できるかな？

55

第3回　受身の盲点

　生徒：His warning was paid little attention to.

　そういうことだね。前置詞の to を忘れちゃダメなのは talk to の受け身の時と同じっていうわけだ。この２種類の受け身，どちらも正しいんだけれど，どちらで書くにせよ正確にやらなきゃだめだよ。

　さて，それでは今回の問題に，今までの話を応用してみようか。

　「世話する」っていう意味の熟語はいっぱいあるんだよね。残念ながら，キミの答案のように care だけでは「世話する」っていう意味にはならないよ。**"care for ～"** または **"look after ～"** で **「～の世話をする」** だ。まずこれらを使って受け身を作ってみようか。

　「きちんと」はキミの答案のように properly でもいいけど，もっと簡単に enough でいこうか。care for babies enough または look after babies enough で「じゅうぶん子供の世話をする」。さてそれを受け身にすると？

　生徒：ええと…Babies must be cared for enough. または Babies must be looked after enough. ですよね！…あれ，でも先生，「世話する」で **"take care of ～"** ってなかったでしたっけ？

　おおっ！　いいこと知っているね！　よし，じゃあ今度はそれを受け身にしよう。

　ちょっと最初にヒントね。まず１つめのヒント。これは言うまでもないことだけれど，"take care of" はいちおう名詞を含んだ熟語だよね。「世話をする」という日本語の通り，"care" が「世話」っていう意味の名詞だ。

　それともう１つ。こういう名詞を含んだ熟語は，よくこの名詞に形容詞がつくんだ。さっきの pay **little** attention to もそうだっただろ？ attention に little という形容詞がついている。今回も "take good care of ～" とか "take enough care of ～" とすれば，「～をよく世話する，じゅうぶん世話する」となりそうだね。さあ，それじゃあこれで受け身を作っ

56

てみよう。

　　生徒：あたまが壊れそうだ！……ええっと。Babies must be taken good care of. と Good care must be taken of babies. かな。

　そうそう，よくできました。これで今回のポイントは終わり。

　だけど，それにしても，最初にキミが書いた答案はひどいな。主語が baby になっているだろ。baby はもちろん数えられる名詞，つまり可算名詞だよね。**可算名詞に a も the も複数の s も何もつけないのはまずい**だろ？　**一般論は無冠詞の複数形**，この場合でいえば babies という形を使うんだと覚えておこう。

正答　**Babies must be cared for enough[well].**
　　　　Good care must be taken of babies.

例題　次の日本文を英語に訳しなさい。
 1. あなたの英語が実用的に活用されるべきだ。
　　（make use of ～を使って）
 2. 日本人はしばしば勤勉だと考えられている。
　　（think of A as B「A を B と考える」を使って）

【別冊解答 p.6】

第4回 形容詞の不思議

Lesson 14　形容詞の不思議 (1)
形容詞と名詞の相性

> **問題**　道路が混んでいたので，彼は会議に遅刻した。

▶▶▶ 誤答例：He was late for the meeting because the road was heavy.

「時制」，「第5文型」，「受身」と続いた，動詞がらみの話も終わり，今回からは，**形容詞**の話です。形容詞でまず注意してもらいたいのは，**ある名詞を修飾するには，ある特定の形容詞を使う**，ということです。

例えば簡単な話，「信号が青に変わる」って言いますが，どちらかといえば信号って緑だと思いませんか？ でも日本語では信号は「青い」です。理屈じゃなくて**習慣の問題**です。この黒板だって，ぜんぜん黒じゃない…。

だから，日本語でも英語でも，**この名詞はこの形容詞で修飾するんだっていう決まりをいちいち覚えなければならない**わけです。よく，日本語を学ぶ外国の人が，猫は「1匹」なのに，象は「1頭」で，皿は「1枚」で，……覚えるのが大変って言いますが，おんなじような苦労を，英語を学ぶぼくたちも少しはしなければならないわけです。もちろん，日本語の感覚と英語の感覚が似ているものは覚えなくてもいいわけですけどね。

a strong rainとa heavy rain

　ところが，例えば日本語では雨量が多いとき，「激しい雨」とか「強い雨」と言いますが,「激しい」だからといってa hard rainと言ったり,「強い」だから，といってa strong rainと言ったら変なわけです。ご存じのように**「激しい雨」はa heavy rain**です。日本語では「重い雨」なんて言わないのに。

　ですから，こういう日本語と英語で感覚が違うものは，多少暗記する必要があるわけだよね。

heavy/light を使うもの	rain/snow/traffic
large/small を使うもの	number/audience/salary, income/population
high/low を使うもの	price
その他注意すべきもの	「顔が青い」は pale 「信号が青い」は green

　これはすべて**形容詞と名詞の「相性」の問題**です。つまり，日本語では「値段」は「高い，安い」で表現します。ところが英語では，priceはhigh/lowで修飾します。だから,「この本の値段は高い[安い]」というのは,

　　The price of this book is high[low].

と言うわけですが,これとは別に, expensive「(値段が)高い」・cheap「(値段が)安い」という形容詞もありますよね。だから,「この本は高い[安い]」と言うのは,

第4回 形容詞の不思議

　　This book is expensive[cheap].

と言うわけです。この2つの文を混同してはいけません。

　冒頭の問題ですが，みんな，traffic「交通(量)」はheavyで修飾するというのは知っているのです。ところが日本語では「交通量は混んでいる」とはあまり言わないで，「道が混んでいる」と言いますよね。この辺で混同してしまって，「道」roadが主語になっているのに，つい，「混んでいる」= heavyという思いこみがあって，"the road is heavy"なんてやってしまうのです。「混んでいる」というのは"crowded"です。

正答
① **He was late for the meeting because the traffic was heavy.**
② **He was late for the meeting because the road was crowded.**

例題　次の日本文を英語に訳しなさい。
1. 中国の人口は日本よりはるかに多い。
2. そのCDは思っていたより安かった。

【別冊解答 p.6】

Lesson 15 形容詞の不思議（2）
叙述用法と限定用法

問題 たばこを吸う日本人男性は多い。

▶▶▶ 誤答例：Japanese men who smoke are many.

　形容詞でもう１つ注意しなければならないのは，**「限定用法」と「叙述用法」**というお話です。

　堅苦しい文法用語ですが，要するに，形容詞には２つの使い方があって，a happy boy「しあわせな少年」と言うときの"happy"のように**名詞を直接修飾する働き**（形容詞を「限定用法」で使っている，と言う）とHe is happy.「彼はしあわせだ」と言うときの"happy"のように，**補語に単独で使われる働き**（形容詞を「叙述用法」で使っている，と言う）があるということです。

「欠陥」のある形容詞

　この"happy"という形容詞も含めて，ほとんどの形容詞は，どちらの用法でも同じように使えますから，ふだんはこんな事は意識していなくてもいいわけです。

　ところが，いくつか「欠陥」のある形容詞，つまり，この２つの用法のうち，**どちらか片方でしか使えないような形容詞がある**のです。

　例えば"asleep"「眠っている」という形容詞がありますが，この形容詞は「欠陥」があって，**「叙述用法」では使えるけれども，「限定用法」では使えない**のです。つまり"He is asleep.(○)"「彼は眠っている」という使い方は正しいのですが，"an asleep baby(×)"「眠っている赤ちゃ

ん」というような使い方は間違いなのです。何かほかの単語を使って代用しなければなりません。

　もちろん，動詞の"sleep"を分詞にすれば「眠っている」というのを表せますから，"a sleeping baby（○）"とすればいいわけです。

　"asleep"のほかに，あと5コばかり，「叙述用法」でしか使えない形容詞があります。これは文法問題でもよく出題されますから一応確認しておきましょう。どれも綴りが"a-"で始まるのが特徴です。

叙述用法のみの形容詞	叙述用法	限定用法
asleep	He is asleep.	a sleeping baby
awake	He is awake.	a waking man
alive	He is alive.	a living animal
alike	They are alike.	similar-looking brothers
alone	He is alone.	a lonely man

many・fewも「欠陥」形容詞

　こちらが，受験の文法問題で非常に多く出題されるのに対して，なぜか，あまり文法問題では出題されないのですが，この逆もあります。みんなのおなじみの単語である，"many"と"few"です。この2つの形容詞は，「限定用法」では使えますが，「叙述用法」では使えないのです。

　つまり，"many women"「多くの女性」というふうには使えるのですが，"Women are many."「女性は多い」というふうには使えないのです。なんで？って聞かれても，これはちょっと答えられません…残念ながら。"many"という形容詞が「欠陥」形容詞だから，としか答えようがないです。

　しょうがないので，「叙述用法」は，"numerous"という形容詞で代用します。この形容詞は，"number"「数」の形容詞形で「多数の」と

いう意味を持ちます。

"few"のほうも同様です。"few people"といった使い方は、できますが、"People are few."という使い方はできないのです。代用として、**"rare"** という形容詞を使います。よく「お宝鑑定」なんていうようなテレビ番組などで、めずらしい「お宝」を「レアもの」なんて言ってますが、あの「レア」です。「まれな」という意味の形容詞です。まとめておきましょう。

限定用法のみの形容詞	限定用法	叙述用法
many	many people	People are numerous.
few	few people	People are rare.

ということは、冒頭の問題に戻りましょう。まず、この知識をきちんと使えば、こんなふうに書けることがわかると思います。

正答 ① **Japanese men who smoke are numerous.**

または、「～する日本人男性の数が多い」と考えると、こんなふうにも書けますね。

正答 ② **The number of Japanese men who smoke is large.**

「数の一致」と「時制の一致」に注意

ただ、気をつけてください。"the number"が主語になっていますから、前回やったように、述語はこれに対応させて、**"large"** でなければなりません。それから、あくまで"the number"「数」という**単数名詞が主**

語なのですから，動詞も数を一致させて，"… **is** large." としなければなりません。つい意味的に複数かと勘違いしてしまいがちなんですけど。

それから，まだ注意すべき点はあります。もしこの問題が「当時，たばこを吸う日本人男性は多かった」と過去の話だったらどうでしょうか？ 正答1の文はこんなふうにしなければなりません。

Japanese men who **smoked were** numerous.

正答2の文も同様にこうなります。

The number of Japanese men who **smoked was** large.

何が言いたいかというと，要するに**「時制の一致」**というやつなのですが，関係詞節の中の動詞の"smoke"をちゃんと過去形にしなければいけないということなんです。関係詞の勉強をするところで，この話はもう一度しますが，けっこうミスしやすいところなんです。

ですから，**関係詞は本当は使わないですむなら，使わないにこしたことはない**んだね。正答①，②はいずれも，ちゃんと書ければいいのですが，どちらも関係詞を使っているし，形容詞の問題もややこしい。そこで，実はもっと簡単な書き方があるのです。

正答 ③ **Many** Japanese men smoke.

よく出るパターン「〜する人が多い」

どうですか？ 簡単でしょ。簡単なのが一番！ これがおすすめです。**「〜する人は多い」**みたいな文を英訳しなさい，っていうのは入試でものすごくよく出るパターンなんですけど，ぜひマスターしてください。

PART 1　ここが大事!!　英作文のツボ

> **ポイント**
>
> 「〜する人が多い」
> 解答法① People who … are numerous.
> 解答法② The number of people who … is large.
> 解答法③ Many people ….　←おすすめ*!!*

例題　次の日本文を英語に訳しなさい。

1. 偉大な作家のうちには正式な教育を受けたことのない者も少なくない。　　　　　　　　　　　　　　　　　　　　　（東北大）
2. クラシック音楽を聴くのが好きな人は昔はたくさんいた。

【別冊解答 p.7】

Lesson 16 　形容詞の不思議（3）
"多少"を表す表現

問題　当時，満足な食事ができる人は少ししかいなかった。

▶▶▶ 誤答例：In those days there were few people who can eat enough.

　今回は，しつこいようですが，前回やったことの復習です。この誤答例はもちろん，**「時制の一致」**をしていないのがいけないのです。日本語では，「少ししか**いなかった**」というところは，過去形にするのですが，「食事が**できる**」というところは，ことさらに「食事が**できた**」と過去形っぽく表現したりはしません。

　ところが，英語の場合，「食べる」というのも過去の話なので，**過去形で表さなければならない**んですよね。こういうのを**「時制の一致」**と呼ぶんですよね。日本語とギャップのあるところだから間違えやすいんですね。

正答 ① **In those days there were few people who could eat enough.**

「〜する人は少ない」の表現

　今回は，この**「〜する人は少ない」**という表現について，いろいろ考えてみましょう。

　まず1つは，こんなふうに書けるはずです。

PART 1　ここが大事!!　英作文のツボ

正答　② People who could eat enough were rare in those days.

前回の"rare"という形容詞の使い方を参考にしてくださいね。それから，

正答　③ The number of people who could eat enough was small in those days.

これでもいいはずです。"was"のところが単数になるところと，補語として形容詞は"small"になるところを注意ですよね。けれどもこの3つの答案例はいずれも関係詞を使っています。関係詞を使うと，時制の一致などが必要になって間違えやすいと言うのは前回もお話ししたとおりです。おすすめは，前回と同様です。

正答　④ Few people could eat enough in those days.

これですよね。関係詞を使っていないから，間違えようがない。実にシンプルでいい文です。まとめておきましょう。

> **ポイント**
> 「〜する人は少ししかいない」
> 解答法① People who … are rare.
> 解答法② The number of people who … is small.
> 解答法③ Few people ….　　←おすすめ!!

第4回　形容詞の不思議

例題　次の日本文を英語に訳しなさい。

1. 英語で自由に意志を伝えられる日本人はほとんどいない。
2. 日本で週末に多くの時間を子供たちと過ごす父親は多くない。

（愛知教育大）

【別冊解答 p.7】

Lesson 17　形容詞の不思議（4）
形容詞の後置修飾

問題　彼らは史跡で有名な国，数か国を訪問した。

▶▶▶ 誤答例：They visited some countries which was famous for their historic sites.

さあ，しつこくもう一度，**関係詞を使うときの注意点**です。

ポイント
関係詞を使うときには…
1. **時制の一致**に注意！
2. **数の一致**に注意！

「数の一致」の注意点

　時制の一致についてはもうすでに述べましたが，もう1つ**「数の一致」**にも注意をしなければなりません。次の2つのフレーズを比べてみてください。

① a child who lives in that city 「その街に住んでいる子供」
② children who live in that city 「その街に住んでいる子供たち」

　"live"という動詞の形に注意してください。この動詞の主語は，関係代名詞の"who"です。①では，この"who"は"a child"を指しています。ということは，この"who"は**単数名詞**なわけですから，"live"には三単現のsがつきます。ところが，②では，"who"は"children"を指しているわけですから，**複数**なわけで，"live"にはsがつきません。
　関係代名詞の who や which が，単数として扱われるか，複数とし

第4回　形容詞の不思議

て扱われるかは，**先行詞次第**だということです。面倒くさいでしょ？

　そこで冒頭の誤答例ですが，"countries which was famous …"というところをもう一度見てください。せっかく，時制の一致は守ったのに，数の一致ができてませんね。正答例はこうなります。

> **正答** ① They visited some countries which **were** famous for their historic sites.

　関係詞はこのように，使い方がやっかいなモノです。**できれば，使わずにすませたい**。なにか良い方法はないものでしょうか？　実はあるんです。

> **ポイント**　形容詞にプラスアルファがついたときには**名詞を後ろから修飾**する

　例えば"different"は「異なった」という意味の形容詞です。形容詞ですから普通は名詞の前に置いて"a different car"「異なったクルマ」というふうに使うわけですが，「異なったクルマ」では意味不明です。「ぼくのとは異なった…」としたい。そういうときには，**"a car different from mine"** とすればいいのです。"different"という形容詞に"from mine"という「おまけ」がついたときには，後ろから，"a car"という**名詞を修飾できる**のです。これを使えば，

> **正答** ② They visited some countries **famous for** their historic sites.

70

というふうに関係詞を使わずに書けるのです。便利ですからぜひ覚えてください。

例題 次の日本文を英語に訳しなさい。

1. 多くの日本人は今なお職場から遠い，狭い家に住むことを余儀なくされている。　　　　　　　　　　　　　　　　　　　　（中央大）
2. 日本語を難しくしているひとつの側面は，発音が似ているが意味が異なる言葉が多くあるということだ。　　　　　　　（北海道大）

【別冊解答 p.7】

第5回 関係詞の重要ポイント

Lesson 18 　関係詞の重要ポイント (1)
関係代名詞は名詞

> **問題** 　彼の働いている会社は仙台に新しい支店を出した。

▶▶▶ 誤答例：The company which he works has set up a new branch in Sendai.

　形容詞の話も前回で終わり，今回からは**「関係詞の重要ポイント」**ということです。

　これまでにも関係詞に関するいくつかの重要ポイントを見てきました。例えば，**「時制の一致」，「数の一致」**ということでしたね。けれど，関係代名詞には，もう少し注意しなければならない点があるのです。

「前置詞」に注意！

　まず，第一に，**who とか which とかいうのは，「関係代名詞」**だ，ということです。つまり**代名詞**なんですね。どういう事かというと，例えば，「彼が買ったクルマ」というのは"the car which he bought"ですよね。じゃあ，「彼が住んでいる家」というのは"the house which he lives"でいいですか？

　生徒：だめです。
　先生：どこが？（笑）
　生徒："in"がない…。

そうですよね。"the house **which** he lives **in**"とするか"the house **in which** he lives"としなければいけない。なんでかというと，前の例で言うと，"which he bought"の"which"は代名詞なんですね。代名詞だから，なんかの名詞の代わりをしている。なんの名詞の代わりかというと，先行詞である"the car"の代わりなわけです。

the car [which he bought ◯]
ここの the car が which に代わる

ところが，「彼の住んでる家」のほうはどうでしょうか？「〜に住む」というのは，もちろん"live in 〜"ですから，

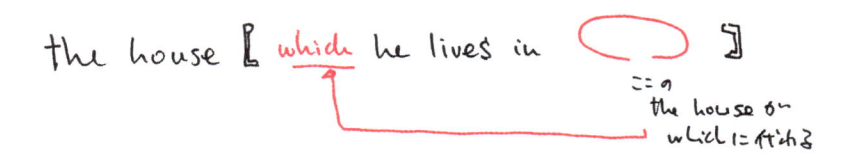

the house [which he lives in ◯]
ここの the house が which に代わる

上の図でわかるように，**"which"というのは，あくまでも代名詞で "the house"を置き換えることしかできない**わけですから，"live in …"の"in"は残ってしまうわけです。

または，こういうふうに[前置詞＋名詞]の形になっている名詞を関係代名詞に代えて前に出すときには，**前置詞もくっつけて前に出してもいい**，というのは，知っていますよね。

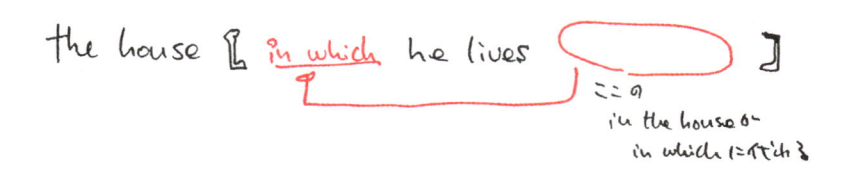

第5回 関係詞の重要ポイント

the house [in which he lives]
ここの in the house の in which に代わる

the house
in which
he lives

いずれにせよ，**この前置詞の in は絶対に必要になる**わけです。

日本語には，この前置詞にあたるものがありません。だから「前置詞なんて，あっても，なくても同じようなモノ」みたいに考えて，"the house which he lives"で，"in"がなくても，十分意味が通じてしまうように思ってしまうのです。

これが関係代名詞を使うときのもう1つの落とし穴です。「時制の一致」，「数の一致」と並んでこれにも十分，気をつけるようにしてください。

> 👉 **ポイント**　関係代名詞 who，which は**名詞の代わり**にしかならない！

ちょっと，練習してみましょうか。それじゃあ，「昔，野球をして遊んだ友達」は，どうでしょうか？

生徒：えっとー…「昔」ってなんて言えばいいんですか？

先生：過去形を使えば十分ですよ。

生徒：それじゃあ，a friend **whom** I played baseball **with**

そうですよね。"I played baseball **with** him."っていう文を頭にイメー

ジして，その"him"が"whom"に代わると，考えればいいわけです。またはどうする？

生徒：a friend **with whom** I played baseball

そうです。今度は，"with him"全体が，"with whom"に代わって，前に出てくるって考えればいいわけですよね。

じゃあ，最初の課題を考えましょうか。「彼はその会社で働いている」ってなんて言いますか？

生徒：He works in the company.

それでもいいですが，Lesson 3でやりましたよね。前置詞は for のほうがベターです。He works for the company. というふうに。

さて，ということは，この"the company"を which に代えて，「彼の働く会社」とするには，"the company **which** he works **for**"または，"the company **for which** he works"。**いずれにしても"for"が必要になる**わけです。

> **正答** **The company which he works for has set up a new branch in Sendai.**
> または
> **The company for which he works has set up a new branch in Sendai.**

例題 次の日本文を英語に訳しなさい。

1. あなたがさっき話していたのが私の兄ですよ。
2. その小説家が作品を書いたときのタイプライターが展示してあった。

【別冊解答 p.8】

Lesson 19　関係詞の重要ポイント（2）
制限用法と継続用法の使い分け

問題　会社をクビになった父はいま別の職を探している。

▶▶▶ 誤答例：My father who was fired is looking for a new job now.

　さて，関係代名詞の who，which を使う上で，もう1つ注意しなければならない点があります。それについてお話しする前に，まず，上の誤答例の中で，関係詞以外のことで少し直した方がいい点を見つけてください。どうですか？

　生徒：う〜ん……。

　先生：「時制」に関してです。"fire" は「クビにする」という動詞ですが，この時制でいいですか？**「クビになっちゃってさあ…」**ということなわけだから…。

　生徒：あっ，**現在完了形**か！

　そうそう。時制のところ，受身のところでそれぞれお話ししたように，ここはしっかり**現在完了の受身を使うべき**ですね。

　My father who **has been fired** is looking for a new job now.

関係詞の制限用法

　さあ，これで時制は直せました。ところが，まだ大きな間違いを含んでいます。関係詞に関することです。これが今回のテーマとなるところです。ちょっと，難しいですから，しっかり聞いてください。

　関係詞には「制限用法」というのと「継続用法」というのがある，と聞いたことがあるでしょうか。例えばこんな文を見てください。

The man **who** is standing over there is Mike.
「あそこに立っている人がマイクだ」

　この文は、**「"who"という関係代名詞が『制限用法』で使われている」**と言います。どういうことかというと、今ここに100人の男がぞろぞろといるとしますね。そのうち、99人は白いシャツを着ているんだけど、1人だけ赤いシャツを着ているとします。そしてその「赤シャツ野郎」がマイクだと、誰かに伝えたい。どうします？**「あの赤いシャツの男が**マイクだ」って言いますよね。

MIKEを探せ！

　つまり、「あの男がマイクだ」と言っても、この場には100人も「男」がいる。だから、区別がつかない。だから、ほかの人とは違う特徴を「あの赤いシャツの…」というふうにつけ加えるわけです。

　さっきの文も同じ事です。もしこの場に1人の人しかいないなら、He is Mike.「あいつがマイクだ」で終わりだったでしょう。ところが、いまここには何人も人がいて、「あいつ」と言っただけでは、誤解が生じる恐れがあるわけです。だから**"who is standing over there"「あそこに立っている」**なんていう説明をつけているわけです。

　わかりますね。したがって、関係詞の「制限用法」というのは、**先行詞（この場合は「男」）を、類似の他者（この場合は「ほかの男たち」）から区別して誤解を避けるためにつけるもの**なのです。

第5回　関係詞の重要ポイント

関係詞の継続用法

逆にこんな文を見てください。

> Japan**, which** has developed too rapidly**,** has many social problems.
>
> 「あまりに速く発展した日本は多くの社会的な問題を抱えている」

こういう文では「"which"という関係代名詞が『継続用法』で使われている」と文法的には言います。形の面から見ると，関係詞節をカンマで囲んで，挿入句のようにしているのがわかると思います。

では，意味的にはどうでしょうか？　さっきの文では，「あの男は…」って言ってもほかにも「男」がいるから，誤解される恐れがある，それで，「あそこに立っている」という修飾語をつけたわけでした。今度はどうですか？

「日本は…」と言っただけでは，ほかにも「日本」があるから誤解される恐れがあるのでしょうか？　だから「あまりに速く発展した」という修飾語をつけて，「他の日本」と区別をつけようとしているの？　もちろん違いますよね。「日本」と言えば1つだけです。

だから「日本は…」と言えば情報は誤解なく聞き手に伝わります。なのに「あまりに速く発展した」なんていう説明が蛇足としてくっついているわけですよね。こういう蛇足の関係詞節は挿入句扱いにして，カンマで囲ってやらなければならないのです。

日本語では，この「制限用法・継続用法」なんていう区別はありません。「あまりに速く発展した日本が…」と言ったからといって，「そうか，わざわざそんな言い方をしているところを見ると，『あまりに速く発展した日本』のほかにも『ゆっくり発展した日本』というのもあるのか！」なんて思われることはありません。

ところが，英語の場合は，カンマをつけてやらないと，日本がいくつ

もある，というような文になってしまうのです。要注意ですよね。

　冒頭の問題を見てください。「会社をクビになった父」って，暗い話だなあ（笑），まあいいや。この人にはクビになったお父さんと，クビにならなかったお父さんと，2人くらいお父さんがいるんですかね〜？それで，いま職探しをしているのは，クビになったほうの父だって言いたいの（笑）？ まさか！ 違いますよね。

　ということは，この関係詞節は，「継続用法」として，カンマでくくってやらないとまずいわけです。

正答 ① My father, who has been fired, is looking for a new job now.

　ところで，こういう「蛇足」の関係詞ってなんのためにあるのでしょうか？「言葉の経済学」と言うのですが，どんな言語でも，言わなくてすむことは，わざわざ言わないのです。ここに1人しか人がいなければ，わざわざ「あの髪の長い，めがねを掛けた，色白の…」なんて形容詞をつけないで「あいつがマイクだ」で終わりでしょ？ 例えばさっきの，

　　　Japan, which has developed too rapidly, has many social problems.
　「あまりに速く発展した日本は，多くの社会的な問題を抱えている」

　こんな文で，関係詞節はなんのためにあるのでしょう？ だって，「日本」は説明をつけなくたって，もともと1つしかないわけです。説明なんかいらないはずです。いらないモノがなぜあるの？

　実は，これは理由を表しているのです。「あまりに速く発展したので，日本は多くの社会的な問題を抱えている」と言いたいのだ，ということ

がわかりますか？ ということは，この文を次のように表すこともできるはずです。

> Japan has many social problems because it has developed too rapidly.

「継続用法」の関係詞は「蛇足」，つまり本来いらないものだ，ということはすでにお話ししました。いらないのに，なぜ書かれているかというと，なんらかの意味があるのです。その意味は，because か and か but で書き換えられる，と言ってよいでしょう。

例えば，冒頭の問題でも，「クビになったから職探しをしている」わけですよね。だから，こうも答えられるのです。

正答 ② My father is looking for a new job because he has been fired.

ポイント

他と区別するために絶対必要な関係詞 ➡ 制限用法
蛇足の関係詞
　　　➡ 継続用法（カンマでくくる）か
　　　　または because, and, but
　　　　に書き換える　 ←おすすめ‼

論より証拠。次の練習問題を，できれば関係詞を使わず接続詞を使って書いてみてください。

例題 次の日本文を英語に訳しなさい。

1. 我々は朝食に関しては保守的になるきらいがあり，毎朝クロワッサン(croissant)を食べるフランス人がそれにうんざりすることはない。 （北海道大）

2. えさを与えられている動物園のサルは，野生のサルよりはるかに暇な時間がある。 （青山学院大）

【別冊解答 p.8】

Lesson 20　関係詞の重要ポイント(3)
関係代名詞 what

問題　自分が興味を持っていることがいつでも人にもおもしろいわけではない。

▶▶▶ 誤答例：What you are interested is not always interesting to others.

　今回はかなり難しい問題ですね。この誤答例程度の答案でも，もし書けたとすれば，上出来です。でもどうせなら完璧を期しましょう。

不思議な関係代名詞 what

　問題は**関係代名詞 what** の使い方です。

　　What she said was true.
　　「彼女の言ったことは本当だった」

というように使う，what ですね。「～のもの」とか「～のこと」とか言うように訳す what は読解問題などでもおなじみだと思います。けれど，ちょっと考えてもらいたいのは，この what って文法上，関係代名詞ということになっているのですが，なんでだか理由がわかりますか？

　ふつう，みんなが関係代名詞といってイメージするのは，前回まで取り扱ってきた who や which です。こういう関係代名詞というのは，直前に先行詞があって，その先行詞を修飾するモノですよね。例えば，"the book which he has in his hand"「彼が手に持っている本」というフレーズを考えてみると，"which" 以下が，先行詞である "the book" を修飾しているわけです。

それに対して，"what"の場合は，"what he has in his hand"「彼が手に持っているもの」というふうに，**whatの節自体が名詞節を作り，なにも修飾しません**。

言っていることがわかりますか？ ちょっと難しいかな？ 図で考えてみましょうか？

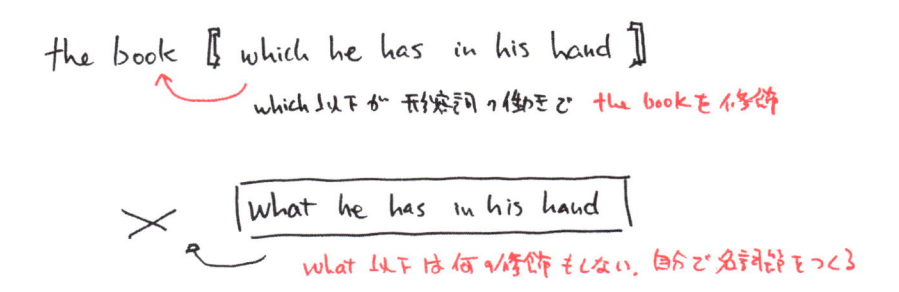

the book 〖 which he has in his hand 〗
　　↑
　　which以下が形容詞の働きで the bookを修飾

× ← What he has in his hand
　　what以下は何の修飾もしない。自分で名詞節をつくる

whatとwho, whichの共通点

このように，先行詞，つまり修飾する単語があるかないか，で考えると，whoやwhichとwhatはぜんぜん違います。けれども，どちらも関係代名詞と呼ばれるのは，共通点があるからです。前々回にやったことを思い出してください。関係代名詞のwhoやwhichは，名詞の置き換えなんだ，という話です。上の例で言えば，"he has …"の後にあったはずの，"the book"が"which"に代わったのがわかりますね。

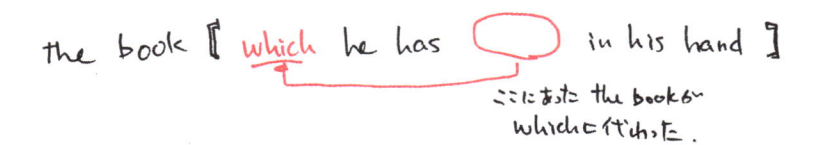

the book 〖 which he has ◯ in his hand 〗
　　　　　　　　　　　　ここにあった the bookが
　　　　　　　　　　　　whichに代わった．

"what"の方を見てください。これと同じになっているのが，わかりますか？

> **what** he has 〇 in his hand
>
> ここにあったはずの名詞が what に代わった．

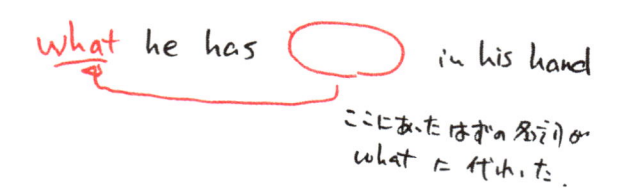

わかるでしょうか？ 日本語で簡単に言えば，「彼が手に持っていたもの」というのは，「彼が手に××を持っていた」の「××」の部分が what に代わることによって表現されるのです。

つまり，**which や who の関係詞節と同様に，what の節にも名詞が 1 つ足りなくて，その名詞が what に代わっている**と考えられるのです。だから，what も「名詞の代わり」つまり，「関係**代名詞**」と呼ばれるわけです。

もう 1 つぐらい例を見てみましょうか。

What he talked **about** was interesting.
「彼が語ったことはおもしろかった」

どうでしょうか？ まず，what … about までが名詞節として，「彼が語ったこと」という意味になって，この文の主語になっているのがわかりますね。which とは違って，先行詞などどこにもないです。この点では，which とすごく違います。

ところが，その what 節の内部の構造をよく見てみましょう。

PART 1　ここが大事!!　英作文のツボ

<u>what</u> he talked about ◯

　「彼は××について語った」の「××」のところが，"what" に代わっている，ということ，言い換えれば，what が名詞の代わりになっていることがわかるでしょうか。

　逆から言うと，who や which と同様に，**what も名詞の代わりにしかなりませんから，この "about" を英作文するときに落としてしまってはいけない**わけです。

> 👉 **ポイント**　**関係代名詞 what は名詞の代わり**にしかならない！
> ➡ **前置詞を落とさないように！**

ということは，誤答例のまずい点もはっきりしましたね。

正答　**What you are interested in is not always interesting to others.**

この **in を決して忘れてはいけない**わけです。

例題　次の日本文を英語に訳しなさい。
1. 苦手なことをするのを避けようとしてはいけない。
2. 外国人が日本に来て驚くのは，まだ使えるようなものがたくさん捨てられていることだ。　　　　　　　　　　　　　（明治学院大）

【別冊解答 p.9】

第6回 副詞の正しい使い方

Lesson 21　副詞の正しい使い方 (1)
副詞の性格を知る

問題　最近は，外で遊ぶより，テレビゲームをするほうを好む子供が多い。

▶▶▶ 誤答例：These days many children prefer playing video games to playing in the outdoor.

　関係詞みたいな重いテーマが一段落したところで，今回からはしばらく副詞の話です。副詞というと，文の中であまり重要ではない，「おまけ」みたいなカンジがするかも知れませんが，**英作文をするときには，意外に重要です。**

注意すべき副詞

　まず今日は，「ちょっと意外な副詞を覚えよう!!」というのがテーマです。
　例えば，there という単語は「あそこ」という名詞ではなく，「あそこに(へ)」という副詞だというのは中学校で習っていますね。
　つまり，「学校へ行く」というのは "go to school" ですが，「あそこへ行く」は **"go there"** です。**"to" をつけてはいけない**わけです。
　文法的に言えば **"there"** は副詞なので「前置詞＋名詞」の役割をして**しまう**というわけだし，日本語で考えるなら，「学校」のほうは，「〜へ

PART 1　ここが大事!!　英作文のツボ

行く」の「へ」にあたる "to" という前置詞が必要なのに対して，「あそこへ」の "there" のほうはすでに「へ」を含んでいるので "to" が要らないのだ，というカンジで考えてもらえばいいでしょう。

こういうちょっと注意が必要な副詞は中学校以来けっこう習っているはずですが，"there" のほかになんか知っているのありますか？

生徒：**"here"**！

先生：うん…それもそうだけど，芸がないな（笑）。もっとない？

生徒：**"home"** と **"abroad"** …。

そうですね。中学校レベルでは，そのくらいです。けど，実はまだまだたくさんあるんですね。まとめておきましょう。

注意すべき副詞	比べてみよう！
home	get to the station ⟺ get home
here	come to the station ⟺ come here
there	go to school ⟺ go there
abroad	study in the U.S. ⟺ study abroad
east/west などの方角	fly to the moon ⟺ fly east
up/down	go to the top ⟺ go up
right/left	look at the star ⟺ look right and left
upstairs/downstairs	live on the second floor ⟺ live upstairs
outdoors/indoors	play in the garden ⟺ play outdoors

表の右側の欄の "⟺" マークの左辺と右辺をそれぞれ比べてみてください。**左辺で，名詞を使うと必要な前置詞が，右辺では副詞を使っているのでなくなっている**のがわかりますね。これで，冒頭の誤答例もどこが悪かったかわかりましたね。

第6回　副詞の正しい使い方

正答 **These days many children prefer playing video games to playing outdoors.**

例題　次の日本文を英語に訳しなさい。

1. マンションに住んでいると下の階の人に迷惑をかけないように気をつけなければならない。
2. 家への帰り道私は夕立にあった。

【別冊解答 p.9】

Lesson 22 副詞の正しい使い方 (2)
動詞を修飾するときの副詞

問題 君はたまには両親に手紙を書かなければいけないよ。

▶▶▶ 誤答例：You sometimes must write to your parents.

頻度と否定を表す副詞の位置

　副詞というのは，まずその第一の役割として，**動詞を修飾します**。例えば，次の文を見てください。

　He walks slowly.「彼はゆっくり歩く」

"slowly"というのは，副詞です。そして"walk"という動詞を修飾しています。こういう**動詞を修飾する副詞は原則として文の最後に置いておけばいい**わけです。ところが，ちょっと例外もあります。例えば，次の文を見てください。

　She sometimes reads.「彼女はたまに読書をする」

「たまに」という副詞"sometimes"は「読書をする」という動詞を修飾していますから，副詞です。ところが，**文の最後には置きません**よね。
　"sometimes"だけではありません。"always"とか似たような副詞はいろいろあります。普段はこういう副詞をテキトウな場所に入れていると思いますが，複雑な文になると結構，入れる場所を間違えてしまうので，ちゃんと理論的に確認をしておきましょう。
　下の2つの文をまず確認してください。

第6回　副詞の正しい使い方

① He <u>always goes</u> to school by bus.
　　　　副詞　　動詞

② He <u>is always</u> kind to others.
　　　動詞　副詞

①では，副詞の"always"が動詞より前にありますが，②ではその順番が逆になっているのがわかりますね。ね？　ちょっと面倒くさいでしょ？

よく参考書なんかには，「alwaysみたいな副詞は，一般動詞の前，be動詞の後ろに置く」なんて書いてあるのですが，面倒くさいルールですよね。実はもっと，うまい考え方があります。それは，**「"not"の位置に置く」**という考え方です。

例えば，"He goes to school by bus."という文を否定文にしたかったら，どうします？　**動詞"goes"の前**に"doesn't"を入れますよね。その**"doesn't"を入れるところに，"always"を入れればいい**んです。逆に，"He is kind."という文を否定文にするなら，どこに"not"を入れるかわかりますね。その位置に"always"を入れればいいんです。この考え方なら，どんな複雑な文になっても，しっかり副詞の位置がわかりますね。

ポイント

頻度を表す副詞 … always/usually/often/sometimes

否定を表す副詞 … never/hardly/scarcely/seldom/rarely

は，**notを入れるべき位置**に入れる

練習をしましょうか？

She will be praised by her teachers.
「彼女は先生たちからほめられるだろう」

この文に"always"を入れてください。"not"の位置だから"will"の次ですよ。

それから，"always"などを入れた後に，**三単現の s を忘れてしまうというのは，すごくよくある間違いです**。気をつけてください。

　Tom sometimes **come** to see us.　（間違い！）
　　　　　　　　　　（×）

正答　**You must sometimes write to your parents.**

例題　次の日本文を英語に訳しなさい。
1. 彼は私の言うことをほとんど理解していなかった。
2. 君はいつもお年寄りに対して親切であるべきだ。

【別冊解答 p.9】

Lesson 23 副詞の正しい使い方（3）
語句修飾の副詞

問題 彼は驚くほど賢い人間だ。

▶▶▶ 誤答例：He is a wise person surprisingly.

語句修飾の副詞の位置

　前回，動詞を修飾する副詞の位置に関して勉強しました。ところが，**副詞というのは動詞を修飾するだけではありません。名詞以外のモノならなんでも修飾**します。
　例えば，

　　She is a very pretty girl.

という文で，"girl"を"pretty"という形容詞が修飾していますが，この**"pretty"という形容詞を強めている"very"は副詞**です。こういう動詞以外のものを強めるような副詞のことを**「語句修飾の副詞」**というのですが，こういうものは当然，**修飾される語（句）のすぐ前に置きます**。副詞だからといって，文の最後に置いて，

　　She is a pretty girl very. （×）

なんてやったら，もちろん，変ですよね。
　ところが，こういう語句修飾の副詞というのは，中学校や高校初級レベルで習うのは，very をはじめ，ごく少数です。ですから very とかの使い方はなんとなく知っているのですが，それ以外に応用がきかない人が多いんですね。入試レベルでは very 以外にも，**"surprisingly"「驚くほど」**とか，**"considerably"「著しく」**とかいろいろあるんです。

> **ポイント**
>
> 動詞修飾の副詞 … She gets up **early**.
>   動詞を修飾する副詞は**文末**
> 語句修飾の副詞 … She is a **very** pretty girl.
>   動詞以外を修飾する副詞は**直前**

　こういう単語を読解問題のテキストとかで君たちは目にする。そして，それを使おうとがんばっちゃう。ところが，悲しいかな，使いこなせない。つまり，なんとなく"-ly"で終わっているような単語だから副詞だろう，と。それで，副詞は"slowly"とか"early"とか文の最後に置いときゃいいだろうって言って，誤答例みたいな文を書いちゃうんですね。

　「驚くほど賢い」というのは「すごく賢い」というのと同じようなものなんだから，"surprisingly"も"very"と同じ位置で使わなきゃ。

正答 He is a **surprisingly** wise person.

so型の副詞の位置

　さて，ここでもう1つ間違いやすいポイントについてお話ししておきます。

　もう一度，語句修飾の副詞の位置について見ておきますが，"very"にしろ，"surprisingly"にしろ，"a wise person"の"wise"のすぐ前に置くわけですから，**"a very wise person"**とか，**"a surprisingly wise person"**とかという語順になるわけですよね。この順番をよく覚えておいてください。

　なぜかというと，同じ語句修飾の副詞の仲間でも，ちょっと変わり者がいるのです。**「so型の副詞」**と呼ばれています。"so"という副詞は知っていますね。「そんなに」という意味です。例えば，

第6回 副詞の正しい使い方

He is so young.「彼はそんなに若い」

というふうに使います。"very"と同じように語句修飾の副詞で，この場合"young"という形容詞を強めるために，その直前に置かれている，というのがわかりますね。こういうふうに，名詞を伴わない形容詞を強める場合は問題ないのですが，

He is a young man.

という文にこの"so"をつけ加えてみましょう。"very"と同じと考えれば，

He is a so young man. （×）

となるはずですよね。ところが，これは間違いです。正しくは，

He is so young a man. （○）

です。変な順番ですよね。**"so"と"young"が冠詞よりも前に出てきてしまっている**のです。ごくわずかですが，この"so"と同じ語順になる変な副詞があります。まとめておきましょう。

> ポイント
> **so 型の副詞 … so/too/as/**
> **副詞＋形容詞＋冠詞＋名詞の順番になる**

"as"に関しては，次のLessonで扱いますから，ここではおいておきますが，"too"で練習してみましょうか。整序英作文問題でもよく出ますよ。例えば「狭すぎる家」ってなんて言いますか？

生徒："too small a house"ですか？

そうそう。その順番ですね。"a very small house"というのと順番を比べてみてね。そうすると「too … to の構文」を使って，「これは，住

94

むには狭すぎる家だ」っていうのは？

　　生徒：This house is too small to live in.

　　先生：う〜ん。それでもいいけど，"This is …"で始めると？

　　生徒：This is a …じゃなくて，This is **too small a house to** live in.

　そう。そうなるわけです。

such型の副詞

　さらに，もう1つ変な副詞の型があります。こちらは**「such型」**と呼ばれているんですが，例えばsuchは**"such a man"**「そんな人」というふうに後ろに名詞が来るか，または**"such a nice man"**「そんなに素敵な人」というふうに使うかの二通り。何となく見たことがありますよね。

　とくにこの後ろの形，よく見るとこれもヘンでしょ？　だって，「そんなに素敵な…」というのと「すごく素敵な…」というのと，同じようなものじゃないですか。

　なら，"such"も"very"と同じようなところに置けばいいのに，なぜか**"such"は冠詞の前に来ちゃっているでしょ？**　だから，この"such"もすごく変な副詞と言えるわけです。

> **ポイント**　such 型の副詞 … such/quite/both/all
> **副詞＋冠詞＋（形容詞）＋名詞**の順番になる

　例えば，"all the boys"って言いますよね。なんで，"all"って"the"より前に出てるかというと，「such型」だからです。

　それから，**"both"**もよく文法問題で出題されるんですが，「彼の両親両方」というのは**"both his parents"**ですよ。順番大丈夫ですか？

第6回　副詞の正しい使い方

　それから，"quite"は「かなり」という副詞ですが，これを使って，「かなりかわいい女の子」っていうと？

　生徒："quite a pretty girl"かな？

　そうです。面倒くさいと思いますが，文法問題でも**頻出の事項**ですからしっかりおさえておいて，作文でもしっかり使えるようにしましょうね。

例題　次の日本文を英語に訳しなさい。

1. 今年の夏は例年になく暑く，中部地方の人々は水不足に悩んだ。

（中京大）

2. 彼があまりに面白い冗談を言ったのでみんな大笑いした。

【別冊解答 p.9】

第7回 比較の構造

Lesson 24　比較の構造（1）
「as … as構文」の最初のas

問題　彼女はお姉さんと同じくらいテニスが得意だ。

▶▶▶ 誤答例：She is good at tennis as much as her sister.

　今回からは比較の勉強です。初回はまず「as … asの構文」などと呼ばれている，<u>同等比較</u>です。中学校の頃，おそらくこの同等比較というのをみんな習って，そのとき，だいたいこういう文をやったと思います。

　　She is as pretty as her sister.

　「彼女はかわいい」という"She is pretty."という文の形容詞を"as … as"で囲むと「～と同じくらい」っていう意味になるんだ，なんていうふうに習ったんじゃないですか？
　でもこういう考え方は，<u>百害あって一利なしですから，今日限り忘れてください！</u>

as＝「so型の副詞」
　じゃあ，どういうふうに考えたらいいかというと，<u>"as … as"の1個目の"as"は「so型の副詞」で「同じくらい」という意味を表す</u>と考えてもらいたいのです。つまり，例えば，

第7回　比較の構造

　　She is so young.

って言えば，「**彼女はそんなに若い**」ですよね。この"so"とまったく同じ場所に同じように"as"を使って，

　　She is as young.

と言えば，「**彼女は同じくらい若い**」となるのです。もちろんこれだけでは，誰と同じくらい若いって言いたいのかわかりませんが，例えば，

　　He is ten years old and she is as young.

と書いてあれば，「彼は 10 歳で，彼女も同じくらい若い」と，つまり，彼と比べて同じくらい若いって言っているのが当然わかりますよね。
　つまり，「as … as の構文」なんて言いますが，**この副詞の"as"だけで，「同じくらい」という意味を持っているのですから，後ろの"as"なんてなくたって，同等比較は成り立つ**のです。ここが重要なところです。
　もうちょっと練習しましょう。「彼女は同じくらい賢い女の子だ」これを訳すとどうなるかな？
　生徒：She is a wise girl. に as をつければいいんですよね？
　先生：そうだよ。
　生徒：as は「so 型」だから順番がちょっと変わるんですよね？
　先生：そう。どういう順番だか覚えてる？
　生徒：えっと，She is **as wise a girl.**
　よくできました！ **"as"が修飾する形容詞に今みたいに名詞がついているときにはちょっと順番に注意**ですよね。忘れちゃった人は，前回の復習をしておいてください。
　それじゃ，もう 1 問ね。「彼女は同じくらい犬が恐い」どうかな？
　生徒：She is afraid of dogs. に as だから… She is as afraid of dogs.

そのとおりです。今度は，"be afraid of 〜"っていう熟語でしたけど，あくまでも"afraid"「不安な」っていうのが形容詞で，これの前に"as"をつければ，オッケーなわけですよね。

さあ，今やった3つの文をもう1回まとめて書いてみましょう。

> She is as young.「彼女は同じくらい若い」
> She is as wise a girl.「彼女は同じくらい賢い女の子だ」
> She is as afraid of dogs.「彼女は同じくらい犬が恐い」

さっき言ったように，これだけで，一応，文として文法的には正しい文なのです。例えば，「彼はまだ10歳なんだけど…」っていう話の後で，「彼女は同じくらい若い」とだけ言えば，彼女を誰と比べているのか，聞いている人はもちろんわかりますからね。

けれどもどうしても**「誰と比べているのか」ということをはっきりさせたいときには，ここで「2番目のas」の登場**になるわけです。この2番目の"as"については次回ゆっくり説明しますが，とりあえずは，「〜のように」「〜と同様」という意味だと考えてください。

それじゃあ，さっきの3つの文に「彼女の友人と同様」というのをくっつけますよ。

> She is **as** young **as** her friend.
> She is **as** wise a girl **as** her friend.
> She is **as** afraid of dogs **as** her friend.

どうですか？ これでいわゆる「as … as の構文」が完成したわけですが…，この中で，君たちに安心して英作文してもらえるのは，1番上のカタチだけです。**下の2つは，正しく書けない人がすごく多い**んですね。それは，最初に言ったように「同じくらい」っていうのは，「"as … as"の間に形容詞とかをはさみこめばいいんだ」みたいな変な理解を

第7回 比較の構造

みんなしてるからです。

> **ポイント**　同等比較の1個目の as は「so 型」の副詞

それじゃあ，冒頭の問題もしっかり書けますね？

正答　She is as good at tennis as her sister (is).

例題　次の日本文を英語に訳しなさい。
1. イタリアは日本と同じくらい天然資源が乏しい。
2. 私は外国を旅行するときはできるだけ荷物を少なくしたいと思う。

（埼玉大）

【別冊解答 p.10】

Lesson 25　比較の構造 (2)
「as … as構文」の後ろのas

問題　イタリアはその歴史と同じくらい食べ物で有名だ。

▶▶▶ 誤答例：Italy is as famous for its food as its history.

前回は「as … as 構文」の最初の as について勉強しました。今回は、その続きで**後ろの"as"の使い方**をしっかり学びましょう。

様態接続詞の as

「as … as 構文」の後ろの"as"についてはいくつかの考え方があって、本当はちょっと面倒くさいのですが、とりあえずは、接続詞と考えるのが1番いいでしょう。**「様態を表す接続詞の as」**というやつです。

　　You must do as you are told.
　　「あなたは言われたとおりにしなければいけない」

なんていう文を見たことがあるでしょうか？ この「～するとおりに」とか「～するように」というふうに訳す"as"。これです。
　例えば、

　　Fred is as wise as Nick is.

という文、本当は後ろの"as"は接続詞ですから、その後ろに文が続いていて、"as Nick is wise"となっていたはずで、「ニックが賢いように」というのを表していたと考えられるのです。これが主文の"Fred is as wise …"「フレッドは同じくらい賢い」と合体して、「ニックが賢いよ

第7回　比較の構造

うに，フレッドは同じくらい賢い」という同等比較を作り上げているのです。

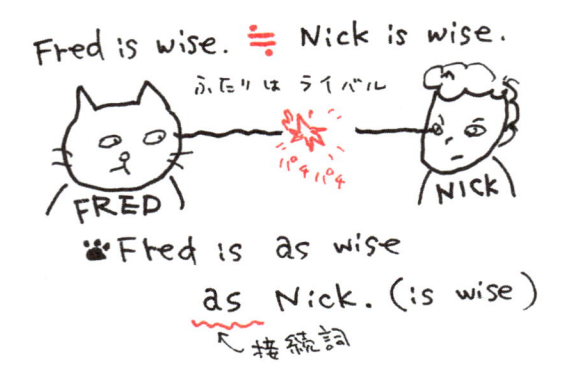

```
Fred is wise. ≒ Nick is wise.
         ふたりはライバル
    FRED              NICK
🐾 Fred is as wise as Nick. (is wise)
         ↑接続詞
```

　後ろの"as"は接続詞で，本当はその後ろに文がある，というのが大事なところです。ところが，この文はいろいろ省略されるのです。どういうふうに省略するかというと，みんな**「代動詞」**というのを知っているでしょうか？

　例えば，"Are you a student?"と聞かれたら，なんて答えますか？
　"Yes, I am."と答えますね。**この"am"は"am a student"の略です**。"Do you study English?"はどうですか？　"Yes, I do."ですよね。**この"do"は"study English"の略です**。この中学校の時に習ったような**動詞句の省略の仕方のことを「代動詞」**と言うのです。

　こうした**「代動詞」**を利用して，主文と同じところを省略していくんですね。

　例えば，

　　① She is as good at tennis as he is.
　　　　　　　　　（← as he is good at tennis の省略）
　　② She is as good at tennis as she was.
　　　　　　　　　（← as she was good at tennis の省略）

③ She is as good at tennis as she is at golf.

(← as she is good at golf の省略)

こうして考えると，①のように"彼女と彼"とを比較することも，②のように"彼女の今の腕前と昔の腕前"を比較することもできるし，③のように，"テニスの腕前とゴルフの腕前"を比較することもできるわけです。つまり，**表現の幅が広がる**のです。

ただし，③で，"as she is good at golf"で省略されるのは，"is good"を"is"に置き換えるだけです。"at"は残しておかなければなりません。**前置詞と名詞はいつもワンセットのもの**ですから。

ということは，冒頭の問題をもう一度，考えてみましょう。

Italy is as famous for its food.「イタリアは食べ物で同じくらい有名だ」ここまでは，合っています。1個目の"as"の位置もちゃんとできています。ところが，そのあと，"as Italy is famous for its history"「イタリアが歴史で有名なとおり」この文をイメージしましょう。どこが，省略できるでしょうか？

as **Italy** **is famous** for its history
代名詞 it　代動詞 is
に代える　に代える

そうすると，"as it is for its history"となるね。

正答 Italy is as famous for its food **as it is for its history**.

第7回 比較の構造

> **ポイント**
>
> 同等比較の後ろの as
> ➡ あくまでも接続詞と考え，完全な文をイメージする
> ➡ 代名詞・代動詞を使って省略する

それでは，次の例題を後ろの as 以下の構造に注意しながらやってみてください。

例題 次の日本文を英語に訳しなさい。

1. 歩くことはジョギングするのと同じくらいエネルギーを消費するので，ふだん運動しない人にとってはよい。 （青山学院）
2. 今日は昨日と同じくらい道が混んでいる。

【別冊解答 p.10】

Lesson 26 比較の構造 (3)
比較級と同等比較の構造

問題 彼は文学よりも科学に興味がある。

▶▶▶ 誤答例：He is interested in science more than literature.

さあ，それじゃあ，同等比較にひき続いて，今回は比較級です。今回は，あんまり説明しません！ 君たちの応用力に期待します！ どういうことかというと，**比較級の考え方も，「as … as 構文」と同じなのです。**

中学校の時，"He is older than I."とか"This book is more interesting than that."とか，習いましたよね。比較級は"-er"か"more + 原級"でできあがる。それに，"than"をくっつければ比較級のできあがり，みたいに習いましたね。**それはやめよう，**ということです。

同等比較と同じ考え方を用いる

今回は，さっきも言ったように，君たちの応用力に期待しますよ。だから，ヒントだけ言います。**比較級は，「as … as 構文」の最初の"as"に相当します。"than"は「as … as 構文」の後ろの"as"に相当します。**さあ，以上のことを手がかりに，訳してみてください。「イタリアは歴史より食べ物で有名だ」。どうですか？

生徒：えっ！ そんな！
先生：じゃ，少しずついきましょう。まず「イタリアは食べ物で有名だ。」これを訳して。
生徒：Italy is famous for its food.
先生：いいですね。それじゃ，今の文を比較級にして，「もっと有名だ」

105

にして。

生徒：Italy is famous for its food more. かな？

先生：なんで？「もっと有名」っていうんだから，"famous"を比較級にしなきゃダメじゃない。

生徒：あっ，そうか。Italy is **more famous** for its food.

そうです。前回の「1個目の as」の使い方を覚えているでしょう？おんなじように，"more"を使えばいいわけです。

さて，つづき。"than"は接続詞です。前回の接続詞の as と同じように考えて，than 以下をくっつけてみてください。

生徒：Italy is more famous for its food **than it is for its history.**

そのとおり！　ほかの人たちも，わかりましたか？　なんで"than"から後ろが，こんなカタチになってるか。

さあ，じゃあ，みんなにもう1問考えてもらおうかな。「彼は彼女よりテニスが得意だ」。

できましたか？　正解は，こうなります。

　　He is **better** at tennis **than** she is.

まず，"He is good at tennis."という文を考える。そして，その文の中のどの形容詞を比較級にするかを考える。まさか"more good"なんてやらないでね。"He is better at tennis."という文が完成する。

そうしたら"than she is good at tennis."という文をイメージして，「代動詞」の考え方を使って省略する。"than she is"ができあがる。そういう順番で考えていけばいいわけです。ということは，冒頭の問題はこれが正答。

正答 He is more interested in science than he is in literature.

ポイント 比較級の構造の考え方は同等比較とまったく同じ！

mad scientist

例題 次の日本文を英語に訳しなさい。

1. ウソは，もし真実を聞かされた場合よりみんなを幸せにするものだ。 （慶応大）
2. 私は，夢を実現するためには，人並以上の努力をすることが必要だと思う。 （佐賀大）

【別冊解答 p.11】

Lesson 27　比較の構造（4）
more and more の使い方

> **問題**　試験の日が近づくにつれて，彼らはだんだん神経質になっていった。

▶▶▶ 誤答例：As the day of the examination approached, they became nervous more and more.

　比較級を使った表現はいろいろありますが，その中で英作文の問題でよく使うことになるのが，この **"more and more"** っていうやつです。「どんどん」とか「だんだん」って言うカンジで使えるって，みんな何となく知っているんですが，しっかり文法的に理解してないから，間違った使い方をしてしまうんだね。

比較級の応用でいこう

　いいですか，**この形は比較級を and ではさんで強調する**という，ただそれだけのことです。

　例えば，こんな文があるとします。

　　He is good at chess.「彼はチェスが得意だ」

　じゃあ，これを比較級にして「彼はチェスがより得意になった」という文を作ってください。前回の復習だからできますね。

　生徒：He **became better** at chess.

　うん，"good"を比較級にするだけじゃなくて，ちゃんと be 動詞を become にしてくれたね。時制は現在完了でもいいが，まあ，過去形でいこうか。

よし，それでこの"better"を"and"でつないで2回繰り返すと，

He became better and better at chess.
「彼はどんどんチェスが得意になっていった」

ってなるわけなんです。単純でしょ。でもこういうのを，

He became good at chess more and more.　（×）

みたいに，なんとなく"more and more"を後ろにくっつけただけの間違った文を書いちゃう人が多いわけです。

じゃあ，もう1問ね。「彼の話はどんどんおもしろくなっていった」どうですか？

生徒：His story became more interesting …あれ？

うふふ。混乱したな？　さっきの文では"be good at"の"good"を比較級に変えました。"good"の比較級は"better"ですから，それを2回繰り返して"better and better"とすればよかったわけです。

ところが，今回は"interesting"を比較級にしなければならない。"interesting"の比較級は"more interesting"です。これを2回繰り返せば，本来は，"more interesting and more interesting"となる理屈ですよね。

でも，これじゃさすがに長いので，**1個目の"interesting"を省略する**わけです。そうすると，おなじみの"more and more interesting"というカタチが生まれますよね。

His story became more and more interesting.

これが正解です。それじゃ，まとめましょう。

第7回　比較の構造

> **ポイント**
>
> 「だんだん」「どんどん」
> easier/better など1語の比較級
> ➡ 比較級 and 比較級
>
> more をつけて作る比較級
> ➡ more and more 原級

正答 As the day of the examination approached, they became more and more nervous.

例題　次の日本文を英語に訳しなさい。

1. どんどん高いビルが建てられ町の様子はすっかり変わってしまった。
2. 彼の母親は年ごとにますます貧乏になり，次々と家具を売らざるをえなくなった。　　　　　　　　　　　　　　　　　　（関西大）

【別冊解答 p.11】

Lesson 28 比較の構造 (5)
比較級の応用

問題 最近たばこを吸う女性が増えている。

▶▶▶ 誤答例：These days women who smoke are increasing.

　以前，「～の人は多い」とか「～の人は少ない」という言い方について勉強したのを覚えていますか？（→ p. 62）今回はあの話の続きです。**「～の人は増えている」**とか**「～の人は減っている」**という言い方です。

"more and more"の応用

　結論から言うと，「～の人は増えている」と言いたいときに，一番簡単で間違いないやり方は，前回やった「どんどん・だんだん」のあの比較級のカタチで書くことです。

　例えば「たばこを吸う女性は多い」。これをまず書いてみましょう。以前やったことを，ちゃんと覚えてますか？

　生徒：Many women smoke.

　そうですね。それじゃあ，前回の知識を応用して，これを「たばこを吸う女性はどんどん増えている」にしましょう。

　生徒：**More and more** women smoke.

　そうです。"many"の比較級の"more"を and をはさんで繰り返す。これだけです。

第7回　比較の構造

正答 ① These days more and more women smoke.

もし,「〜は減っている」と書くのでも,同じです。

　　Fewer and fewer women smoke.
　　「たばこを吸う女性は減っている」

ところが,君たちはこの簡単な言い方を捨てて,もっと難しく書こうとするんだね。例えば,この誤答例のように。これ,どこがいけないんですか?

文法的には間違っていませんが,こういう答案を見たネイティヴの人は口をそろえて,「曖昧だ」っていいます。"increase"にはいろいろ意味があって,「太る」のも increase だし,「ガン細胞が肥大化していく」のも increase だし,「数が増加する」のも increase です。

increase は「大きくなる」といったところかな。日本語だって,「タバコを吸う女性は大きくなる」っていったらワケがわからないよね。だから,**意味をはっきりさせる必要がある**んです。

正答 ② These days women who smoke are increasing in number.

"increase in number"「数の点で大きくなる」っていうのをつけておかないと,「たばこを吸う女性は太る?」ともとられかねないのです。

またはさらには,次のように言っても構いません。

> **正答** ③ These days the number of women who smoke is increasing.

　最初から，"the number"「数」を主語にしておけば，increase を動詞に使っても，もう後ろに「数の点で」というのはつける必要はありません。ただ，前にもやったとおり，**"is increasing"というふうに単数扱いになる**のは間違えやすい点です。

> **ポイント**
>
> 「～する人は増えている」
> More and more people ＋ V　　←おすすめ!!
> People who … are increasing in number.
> The number of people who … is increasing.

例題　次の日本文を英語に訳しなさい。

1. 都会に暮らす人々の間でガーデニングが趣味という人の数が増えてきている。　　　　　　　　　　　　　　　　　（青山学院大）
2. 最近親は子供と過ごす時間がますます少なくなって，子供にさびしい思いをさせている。　　　　　　　　　　　　（明治学院大）

【別冊解答 p.11】

第8回 to不定詞かthat節か

Lesson 29　to不定詞かthat節か（1）
to不定詞とthat節の使い分け

問題　彼がその問題を解くのは簡単だ。

▶▶▶ 誤答例：It is easy that he solves the problem.

主語の有無で判断してはダメ

　これは非常に多い間違いです。今の日本の学校教育では，こういうことをしっかり教えていないので，君たちがこういう間違いをしてしまうのも，ある意味で仕方のないことなのですが……。ちょっと理解するのが難しいかもしれないですから，よく聞いてください。

　さて，まず君たちは"**that**"節というのを習っています。that節というのは，名詞節を作り，例えば"that he solves the problem"ならば「彼がその問題を解くということ」というように「〜すること」というふうに訳すのだ，と習っていますね。

　そして他方，君たちは"**to 不定詞**"というのを習っています。"to 不定詞"にはもちろんいろいろな用法があるわけですが，名詞用法ならば，例えば"to solve the problem"と書いてあれば，「その問題を解くこと」というようにやはり「〜すること」と訳しますね。

　それじゃあ，あらためてききますが，that節とto不定詞とどこが違うんですか？　どちらも「〜すること」って訳すじゃないですか？　おそ

らく，君たちのアタマの中では，主語がついているのが that 節，主語がないのが to 不定詞，っていうカンジで理解されているんじゃないですか？

その証拠に，例えば，「この問題を解くのは難しい」っていう文を訳してみてください。

生徒：It is difficult to solve this problem.

先生：そうでしょ。それじゃあ，「**君が**この問題を解くのは難しい」っていうのは？

生徒：It is difficult that you solve this problem.

ほらね！主語がないときは to 不定詞を使っていたのに，「君が…」っていう主語がついたとたんに that 節を使ったでしょ。結論から言えば，**that 節を使ったほうの文は間違っています。**

to 不定詞と that 節は日本語にしてしまうと，どちらも「〜すること」となってしまうから，同じに見えてしまうし，学校でもどちらも「名詞節」とか「名詞用法」とか，要するに「名詞の役割をする」としか教えてくれないので，君たちはこの 2 つの違いにまったく気づいていないのです。

けれども**この 2 つには決定的な意味の違いがあります**。それは主語がついているとか，ついていないとかというようなこと以上の違いです。**主語がなければ to 不定詞で表していたものを，主語がついたくらいで勝手に that 節に代えることはできない**のです。

「仮定」か「事実」かで判断する

それでは，どういう違いがあるのでしょうか？　じゃあ，ちょっと日本語で考えてみましょう。「あなたが英語をマスターするのは簡単だ」という文と，「あなたがこの花瓶を壊したのは明らかだ」という文と 2 つ比べてみてください。意味はぜんぜん違う 2 つの文ですが，カタチは

第8回　to不定詞かthat節か

なんとなく似ていますよね。

　それじゃあ，両方の文から「あなたが」という部分をとっちゃってみてください。最初の文は「英語をマスターするのは簡単だ」，後の文は「この花瓶を壊したのはあきらかだ」です。前の文は，一般論を言っていると考えれば，別に変な日本語じゃないですよね。けれど，後ろの文は"だれが"壊したのか，そこが書いていないと，意味不明の文になってしまうと思いませんか？

　「簡単」という形容詞は主語がなくてもいいのに，「明らか」という形容詞は「誰が〜したのが明らか」というように「誰が」の部分が絶対に必要になるのは，何でですか？　君たちの母国語ですよ。ぼくにその理由を，つまり，「簡単」という形容詞と「明らか」という形容詞との決定的な違いを説明してください。

生徒：う〜ん…。

先生：なんとなく，自分では理由がわかる気がするのに，説明はできない，っていう感じ？

生徒：あ，はい。たしかに違うんだけど…。

先生：じゃあ，もうちょっと考えてみようか。例えば「危険」っていうのは，どっちのグループに入りそう？

生徒：「簡単」と同じように主語はなくてもいいグループ……。

先生：そうだね。それじゃあ，「ありえない」っていうのは？

生徒：「誰かが〜したのが…」っていう主語が必要なグループです。
　　　そうか。あの，主語がなくていいのは一般論みたいなもので，主語が必要なのは，「誰かが〜した」っていう現実的な事実みたいなのを表しているんじゃないですか？

　なるほど。いい線行ってます。もう少し，正確に言うとこういうことです。「(彼が)英語をマスターするのは簡単だ」という文は，現実に「彼」が英語を勉強するかどうかは，ぜんぜん関係ないですよね。単純に仮定

でもいい。「(君が)この川を渡るのは危険だ」も同じです。「じゃあ，やめておこう」って言って，渡らないかも知れない。仮定です。

ところが，逆に「明らかだ」とか「ありえない」っていうのは，現実に「誰かが〜した」という事実について，「本当」とか「うそ」とか言っているわけです。なんとなくわかります？

そして英語でも同じなんです。to 不定詞は，同じ「〜すること」でも，仮定なんです。逆に，that 節は，「〜すること」でも，現実なんです。難しいかな？

じゃあ，もっと簡単に見分ける方法！ 簡単に言えば，主語がないと絶対ヘンな場合は that 節を使いましょう。主語がなくても良さそうな場合は，to 不定詞を使いましょう。これでどう？

冒頭の問題は，「彼がその問題を解くのは簡単だ」でした。「彼が」をとって，「その問題を解くのは簡単だ」で成り立ちますね。っていうことは，to 不定詞を使わなければいけないわけです。

It is easy to solve the problem.

「彼が」はどうするかって？ to 不定詞の意味上の主語は"for ＋人"というカタチで，to 不定詞の前につけて表す，っていうのは文法の基本中の基本だぞ。っていうことは，

正答 **It is easy for him to solve the problem.**

第8回　to不定詞かthat節か

> **ポイント**
>
> 「～が…すること」
> 「～が」をとっても成り立つ場合
> 　　　　　　　　　　➡ for 人 to 不定詞
> 「～が」をとって成り立たない場合 ➡ that 節

　1つ，象徴的な例です。impossible っていう単語を知ってますね。意味を聞くとみんな「不可能な」っていうんですが，「ありえない」って言う意味もあります。それで，**「不可能な」っていう意味の場合は，絶対に to 不定詞**しか，とりません。逆に**「ありえない」って言う意味の場合は絶対に that 節**です。

　It is impossible for him **to master** it.
　（彼がそれをマスターするのは不可能だ。〈マスターしようとしたとしても〉）

　It is impossible **that** he ate it.
　（彼がそれを食べたということはありえない〈だってそこに居なかったから〉）

　それでは，次の練習問題を that 節と to 不定詞のどちらを使ったらいいか考えてやってみてください。

例題　次の日本文を英語に訳しなさい。
1. 英語ができない人が一人で海外旅行するのは危険なことですか？
2. たばこが健康に悪影響を及ぼすということは，一般の人々の間でも常識である。　　　　　　　　　　　　　　　　　　（東北大）

【別冊解答 p.12】

Lesson 30 to不定詞かthat節か (2)
目的を表す場合の使い分け

問題 道に迷わないように，地図を書いてください。

▶▶▶ 誤答例：Draw me a map not to get lost.

主語をしっかりつかまえる

　to 不定詞を使うか，that 節を使うか，迷わなければならないのがもう 1 つ，**目的を表すとき**です。ちょっと文法事項を確認しておきましょうか。目的はまず to 不定詞を使って表すことができます。

　　He opened the door **to enter** the room.
　　「彼は部屋に入るためにドアを開けた」

　中学校以来習っている形だから，これは大丈夫ですよね。けれども，やっぱり注意しなければならないのは，**to 不定詞には主語がない**，ということ。そして，**主語がない場合は本文の主語が to 不定詞の意味上の主語でもある**ということです。

　つまり，「**彼が**部屋に入るために，**彼が**ドアを開けた」という意味になるということです。to 不定詞の意味上の主語がなんなのかに注意をしなければなりません。

　それじゃあ，逆に「**彼女が**部屋に入れるように，**彼が**ドアを開けた」というふうに，主語が一致していない場合はどうしたらいいでしょう？ to 不定詞に意味上の主語を "for ＋人" というカタチでくっつけてやればいいですよね。

第8回　to不定詞かthat節か

He opened the door **for her** to enter the room.

　ということは，冒頭の問題をもう1回見てください。**日本語はめちゃくちゃ主語を省略してしまう言葉です。**だからだまされてしまいますが，しっかり主語を補ってみると，「**私が**迷わないように，**あなたが**地図を書け」と言っているわけですよね。

　あっ，しまった！　って感じでしょ？　誤答例のto不定詞には主語がついていないですよね。もちろん，文法的には正しいですがこれじゃあ，「あなたが迷わないように，地図を書いておけ」っていう意味になっちゃいますよね。

　ヘンでしょ？　駅に行こうとする人に向かって，「君はボケッとしているから，駅に行くつもりで出かけても，途中で『あれ，おれ，どこに行こうとしているんだっけ？』なんてことになっちゃうから，しっかり，出かける前に地図を書いて，それを道々確認しながら歩いて行けよ！」って言っているようなものでしょ（笑）。

　だから，このto不定詞には，意味上の主語をしっかり書いてやらなければいけません。

Draw me a map **for me** not to get lost.　（△）

目的の表し方

　これで，かなりよくなりました。しかし，この文は実はまだ，完全に正解とは言えません。なんででしょうか？

　目的を表す文には，to不定詞以外にも，もう1つありますよね。

He opened the door **so that** he could enter the room.

　いわゆる「so thatの構文」というやつですよね。"in order that"でもよいですが，こちらのほうはやや堅い表現なので，"so that"に統一

しておきましょう。この"so that"でも目的を表せます。やはり「彼は部屋に入ることができるようにドアを開けた」という文になるわけです。つまり，**to 不定詞で表せたことが，that 節でも表せる**，ということです。

さて，それではこの両者はどこが違うのでしょうか？

"to 不定詞"にはふつう主語がついていない。主語が必要なときは"for ＋人"で書き足す。一方，「so that 構文」の方は"that 節"だから，絶対主語が書かれなければならない。そのかわり，この主語をちょっと変えて，例えばさっきの文で言えば，

He opened the door so that **she** could enter.

とやれば，「**彼女が**…するために，**彼が**…した」という文も簡単に書き表すことができるわけです。あっ，that 節の方は**時制の一致に注意**してくださいね。**"could"** のところですね。

けれども前回と同じように，この主語があるとかないとかいう問題を抜きにすれば，大体同じに見えてしまいますよね。ところが，この両者は，**意味的にずいぶん違う**んです。これも，ふつう日本の英語教育では無視されているところです。

説明しましょう。**to 不定詞で目的を表すとき，目的と行為が直接的に結びつく**ことを意味します。どういうことかというと，例えば，さっきの文ですが，「部屋に入るためにドアを開ける」とありましたよね。じゃあ，ドアを開けなかったらどうなりますか？ 部屋には入れませんよね，幽霊じゃなければ(笑)。

逆にドアを開ければ，100％そこを通過して部屋に入るでしょ，この人は。まさに，そのためにドアを開けようとしているわけだから。

こういうふうに，「部屋に入る」という目的と「ドアを開ける」という行為が，**直接的に結びついているときには to 不定詞を使う**のです(He opened the door **to** enter the room)。

第8回　to不定詞かthat節か

to enter the room 100%!! = open the door
↑
直接的に結びついてる

　逆に，例えばお母さんが子供に向かって，「車にひかれないように，歩道を歩きなさい。」と言ったとしますよね。もし言いつけを守らなかったら，100％車にひかれますか？

　そんなことは，ないですよね。雨が降っている夜の高速道路のど真ん中をふらふら歩いていたら，そりゃ，確実にはねられるかもしれないけど（笑），普通の道だったら，車道を歩いたって，クルマがよけてくれますよね。

　逆に歩道を歩いていたって，いつ暴走トラックが突っ込んでくるかもしれない。車道より歩道の方が少し安全というだけの問題ですよね。こういうふうに，「車にひかれないようにする」という目的と「歩道を歩く」という行為が，**直接的に結びついていないときには so that の構文**，つまり，that 節を使って表すのです。

　　Walk on the sidewalk **so that** you won't get into an accident.「事故に巻き込まれないように歩道を歩きなさい」

PART 1　ここが大事!!　英作文のツボ

> **ポイント**
> 目的の表し方
> ○目的と行為が直接的に結びつく場合
> 　主語が同じ　➡ to 不定詞
> 　主語が違う　➡ for 人 + to 不定詞
> ○目的と行為が直接的に結びつかない場合
> 　so that S + V

ということは，もう一度冒頭の問題に戻りましょう。ぼくは，知らない町に旅行に行くのが好きなんですが，駅とか繁華街って，地図なしでもだいたいたどり着くことができますよね。デパートや高いオフィスビルの見える方に行けばいいですから。

逆に，地図を持っていても道に迷うときは迷います。迷いにくくなるだけです。ということは，ここは目的と行為がそんなに密接に結びついているわけではない，と考え「so that 構文」の方がよさそうですよね。

正答 **Draw me a map so that I won't get lost.**

それじゃあ，次の練習問題もどちらを使ったらいいかをよく考えて，書いてみてください。

例題　次の日本文を英語に訳しなさい。

1. 我々は他の人にショックを与えたり不愉快な思いをさせたりしないよう自分の気持ちはできるだけ間接的に表現することが多い。

　　　　　　　　　　　　　　　　　　　　　　　　（一橋大）

2. 彼は彼女が通れるよう脇によけた。

【別冊解答 p.12】

123

第9回 接続詞のワナ

Lesson 31　接続詞のワナ (1)
接続詞howの使い方

問題　君には私がどんなに彼女を愛しているかわかるまい。

▶▶▶ 誤答例：You will never understand how I love her.

　接続詞で間違えやすいのは，まず何と言ってもhowです。間接疑問文なんて呼ぶことが多いですが，いろいろな疑問詞を名詞節を作る接続詞として使える，ということはみんな知っていると思います。

　例えば，whereというのは疑問詞ですが，接続詞としても使うことができて，例えば"where he went"で「どこに彼が出かけたかということ」という名詞節を作ります。

Where he went is not clear.
「どこに彼が出かけたかははっきりしない」

というように主語として使ったり，

I don't know **where he went**.
「私は彼がどこに出かけたかを知らない」

というふうに目的語として使ったりできるわけです。

語順に注意

　how も同じです。ところで，疑問詞の how ってどのように用いるんでしたっけ？

　　How old are you?

「あなた何歳？」っていう文ですけど，これって You are very old. の"very"「すごく」を"how"「どのくらい？」に代えて，作った文ですよね。

　You are **very old.**

➡ Cを構成していた
very old が how old に変わって文頭に出る。

"very old"はもともと密接にくっついて補語を構成していたわけなので，これが"how old"に代わっても，一緒に文頭に出ているわけです。まさか，"How are you old?"って言ったら語順がヘンなのはわかりますね？

「どのくらい？」って言う意味の"how"はいつでも，形容詞や副詞とくっついて文頭に出ます。"how much"とか"how far"とかです。

　逆に次の文の意味はわかりますか？

　　How do you come to school?

「あなたはどうやって学校に来ますか？」です。今度の"how"には形容詞もなにもついていないですよね。単独で使う"how"は**「どうやって」とか手段を尋ねる疑問詞**です。

　このことは，**接続詞になった"how"も同じ**です。

I know **how busy** you are.「君がどれくらい忙しいか」
I know **how** he did it.「彼がどうやってそれをやったか」

> **ポイント**
>
> **how** の用法
> 形容詞・副詞とあわせて使うと
> ➡「どのくらい」…程度
> 単独で使うと
> ➡「どうやって」「どのように」…手段・様態

冒頭の誤答例ですが，これでは，「どのように彼女を愛しているか」という意味になってしまいます。「妹のように愛している」とかそういう意味です。日本語には直接書かれていませんが，「どんなに愛しているか」と言ったら，「どんなにたくさん愛しているか」という意味ですよね。だから，I love her very much. の "very much" を how much に代えて，次のようになります。

正答 You will never understand **how much** I love her.

例題　次の日本文を英語に訳しなさい。

1. 君がどんなにアメリカで勉強したいかを両親に言いなさい。

(同志社大 改)

2. 他人の立場に立って考えることがどんなに難しいかは，私たちの想像力がいかに限られているかを示している。　(明治学院大)

【別冊解答 p.12】

Lesson 32　接続詞のワナ (2)
譲歩・逆接の接続詞の使い方

問題　値段が高くても私はそれをどうしても手に入れたい。

▶▶▶ 誤答例：Though it is expensive, I want to get it.

　今回は「譲歩」とか「逆接」とか言われる接続詞について考えてみましょう。まず日本語で考えましょう。「疲れているけれども勉強する」と言うのと「疲れていても勉強する」と言うのとどこが違いますか？

　どちらの表現も，「譲歩」とか「逆接」とかって，一緒にされてしまうんですがぜんぜん違いますよね。「疲れているけれども」っていうのは現実に，本当に疲れているのです。逆に，「疲れていても」っていうのは仮定です。現実には疲れているかも知れないし，疲れていないかも知れないけれども，いずれの場合でも，っていう意味です。

逆接の接続詞（though 他）

　あたりまえのことですが，この２つの区別をつけましょう。英語では，**「現実に～だけれども」というほうは，though か although か even though で表します。**but を使って書き換えすることもできますね。

　　Though [Although/Even though] he lives in the country, he is not bored.
　　He lives in the country, **but** he is not bored.
　　「彼は（現実に）田舎に住んでいるけれども退屈はしていない。」

127

第9回　接続詞のワナ

譲歩の接続詞（even if 他）

　逆に，「たとえ〜でも」という仮定を表すには，even if か"no matter ＋疑問詞"の形か，"疑問詞＋ ever"の形を使います。

　Even if he lives in the country, he won't be bored.
　「たとえ田舎に住んでも彼は退屈はしないだろう」
　No matter where he may live, he won't be bored.
　Wherever he may live, he won't be bored.
　「たとえどこに住んでも，彼は退屈はしないだろう」

　この"no matter ＋疑問詞"や"疑問詞＋ ever"の形は知っていますね？「たとえ〜でも」というのを表す譲歩の接続詞です。どんな疑問詞でもこのカタチで使えます。例えば，

　No matter what[**Whatever**] he may say, I will go to the U.S.
　「たとえ彼が何と言おうとも，私はアメリカに行くつもりだ」

というふうに使うんです。

> **ポイント**
>
> 譲歩・逆接の接続詞
> 現実➡ but, though, although, even though
> 仮定➡ even if, no matter ＋疑問詞,
> 　　　　疑問詞＋ ever

あらためて問題を見てください。これは仮定のほうを使うべきですね。ということはまず"even if"を使ってこう書けるはずです。

正答　① **Even if it is expensive, I want to get it.**

または,「たとえどんなに高くても」と考えて,こうも書けるはずです。

> **正答** ② **No matter how expensive it is, I want to get it.**
> **However expensive it is, I want to get it.**

しかし,この形を使うときには,前回やった how の性質を思い出して**語順に注意(形容詞が how につられて前に出てくる！)** しなければいけませんよ。

例題 次の日本文を英語に訳しなさい。

1. 彼らの生活が他人にはどんなに貧乏に見えても,彼らは幸福なのだ。　　　　　　　　　　　　　　　　　　　　　（明治学院大）
2. 今の子供たちは自分で運転できる年齢に達するまではどこへ行くにも親に車で送ってもらう。　　　　　　　　　　（神戸大）

【別冊解答 p.13】

第10回 前置詞の悪夢

Lesson 33　前置詞の悪夢（1）
時間に関する前置詞の使い方（1）

問題　クリスマスには人々はプレゼントを交換します。

▶▶▶ 誤答例：People exchange presents at Christmas day.

応用をきかせよう

　今回からは前置詞の勉強です。前置詞は本当にいやですよね。日本語には前置詞なんてもののないですから，ぼくらは本当にこれが苦手です。けれども，基本的なところを少し注意するだけで，かなりよく理解できるようになります。ですから，そういうところを中心に確認していきましょう。まずは，時間に関する前置詞です。

　基本を復習しておきましょう（→次ページ表参照）。

　大切なのは応用をきかせてほしい，ということです。例えば，時刻には"at"をつけます。ということは，「正午に」も**"at noon"**というように"at"を使うということです。日にちには"on"を使います。ということは，「10月11日」というような具体的な日付はもちろん，「クリスマスに」や「週末に」にもやはり"on"を使って，**"on Christmas day"**，**"on weekend"**と言うはずですよね。

〈時刻・日にちの表し方〉

時刻	**at**	at 5 o'clock/at noon/at midnight
時間帯	**in**	in the morning/in the afternoon （ただし at night だけは例外）
日にち	**on**	on Sunday/on the 10th Dec.
それ以上の単位	**in**	in the first week of july/in March/in summer/in 1963

　さて，上の表に関してちょっと例外的な規則がいくつかあります。まず1つは，文法問題にもよく出題されるのでしっかり覚えておいてほしいことです。

> **ポイント**　時間帯を表す"in"は，時間帯を表す名詞に修飾語がついた場合"on"に変わる。

例えば，

　　He left his hometown **on a sunny morning**.
　　「彼はある晴れた朝に故郷を旅立った」

　このように，"sunny"という修飾語がついた場合，前置詞は"in"ではなく"on"を使わなければいけない，と言うことです。その理由は簡単で，**「ある晴れた朝」**ということは，ある特定の日の朝を指していますよね。だから，**日付と同じ扱いをする**ということです。

第10回 前置詞の悪夢

それから，もう1つ，大事なルールがあります。

> **ポイント** 名詞の this, that, last, next, every がついた場合，前置詞は省略される

例えば，下のような文で"on"は省略されます。

I will meet him **this** Sunday.

正解は次のようになることはもうわかりますね。

正答 People exchange presents **on** Christmas day.

例題 次の日本文を英語に訳しなさい。

1. あの日曜の朝は，家族みんなで早くから起きだし，おじいちゃんの家に出かける用意で大忙しだった。　　　　　　（青山学院大）
2. 母は長い間旅行する機会がなかったので，来月の旅行を楽しみにしている。　　　　　　　　　　　　　　　　　（京都産業大）

【別冊解答 p.13】

Lesson 34　前置詞の悪夢（2）
時間に関する前置詞の使い方(2)

問題　明日までにこの手紙を書いてしまわなければなりません。

▶▶▶ 誤答例：You have to finish writing this letter till tomorrow.

さて，時間を表す前置詞の2回目です。今回は「〜まで」と「〜までに」を表す前置詞です。

「継続の till」

みんな"till"や"until"はよく知っていますよね。「〜まで」というのを表す前置詞です。この2つはまったく同じですから，どっちを使ってもいいです。ただし，綴りだけは気をつけてください。よく"until"を"untill"って書いちゃう人がいますが，"l"は1つです。

で，この"till"や"until"はよく知っていると思うのですが，これらは，あくまでも「〜まで」ということを表している，というところに注意してください。

つまり日本語でも「5時まで待ちます」とは言いますが，「5時までに待ちます」とは言いませんよね。逆に，「5時までに終えます」とは言いますが，「5時まで終えます」とは言いません。「〜まで」という表現と「〜までに」という表現とは微妙だけど違う，ということはわかりますね。"till"や"until"はこの「〜まで」という方を表す単語です。

I will wait till five.「私は5時まで待ちます」

「期限のby」

逆に,「～までに」を表す前置詞は"by"です。

　　I will finish it by five.「私は5時**までに**それを終えます」

「～まで」のほうが"till"や"until"で,「～までに」のほうが"by"と覚えておいてもよいのですが,まぎらわしいので,よく**「継続のtill」**,**「期限のby」**などと呼んだりします。

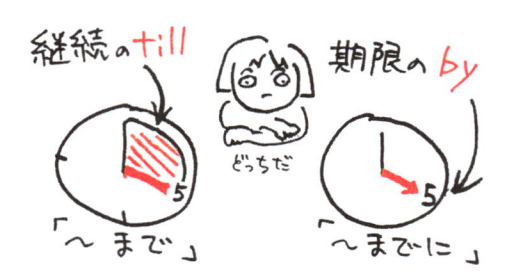

[図：継続のtill「～まで」／どっちだ／期限のby「～までに」]

したがって,冒頭の問題も直しておきましょう。

> **正答** You have to finish writing this letter **by** tomorrow.

前置詞か接続詞か

ところで,もう1つ重要なのは,**"till"や"until"は接続詞としても使える**ということです。

　　I will wait till five.　⇐ 前置詞で使ったtill
　　I will wait till he comes.　⇐ 接続詞で使ったtill

他方,**"by"**はどうでしょうか？ こちらは**前置詞でしか使えません**。その代わり,**"by the time"**という接続詞があります。ぜんぜん接続詞

に見えないかも知れませんが、りっぱな接続詞です。

I will finish it **by** five.　⇐ 前置詞の **by**
I will finish it **by the time** he comes.　⇐ 接続詞の **by the time**
「私は彼が来るまでにそれを終えます。」

ちょっと面倒くさいでしょ？ まとめておきましょう。

> **ポイント**
> 「～まで」（継続）
> 　　……till[until]（前置詞，接続詞）
> 「～までに」（期限）
> 　　……by（前置詞），by the time（接続詞）

これはセンター試験の文法問題でも出題されています。「～まで」か「～までに」かという意味と、前置詞か接続詞かとカタチの問題と両面から考えて、正しいものを使わなければなりません。

例題　次の日本文を英語に訳しなさい。
1. 駅に着くときまでに我々の乗る電車はもう出てしまっていた。
（学習院大）
2. 誰でもやってみるまでは自分に何ができるかわからないものだ。
（中央大）
【別冊解答 p.14】

Lesson 35 　前置詞の悪夢（3）
時間に関する前置詞の使い方（3）

問題　2週間後に彼は日本に戻ってきます。

▶▶▶ 誤答例：He will come back to Japan after two weeks.

afterとinの使い分け

　もう1つ時間に関する前置詞で間違えやすいものがあります。「〜後」という言い方です。次の文を見てください。

　　They got married in 1990 and after three years they got divorced.
　　「彼らは1990年に結婚し、3年後に離婚した。」

　このように，"after"は「〜後」というように使うわけですが，もう少し厳密にいうと，「そして〜がたち」っていうカンジなんですね。つまり，「彼らは1990年に結婚して，**そして3年がたち**，彼らは離婚した」って言うカンジなんですね。

　視点が，"after three years"と言った瞬間に，もう1990年から1993

年に移ってしまっているカンジなんです。

　逆に,「3年したら,彼は大学を卒業する」と言うとき,日本語でも「そして3年がたち,彼は大学を卒業する」って言ったら,すごく変ですよね。**こういうことを言うときには,視点は現在にあるまま**だからです。だから,英語でもこういうときに"after"を使うのは変なんです。

　それでは代わりに何を使うかというと,**"in"**を使うんです。

　He will graduate from college **in** three years.

> **ポイント**
> **after＋時間** … 過去形とともに使って,
> 　　　　　　　「そして〜がたち」
> **in＋時間** … 過去形でも未来形でも使えて「〜後に」

　逆に読解の問題などで,上の文のように"in three years"と書いてあると,「3年以内に」と訳してしまう人がいますが,これは間違いです。少し意外かも知れませんが,**"in"はあくまでも「〜後」**です。

　それでは,「〜以内」はどうやって表すんですか？　もちろん,**"within"**ですよね。

　She will come back **within** 10 minutes.
　「彼女は10分以内に戻ってくる。」

> **ポイント**
> **in＋名詞** … 「〜後に」
> **within＋名詞** … 「〜以内に」

　ぜひ注意してください。それでは,冒頭の問題を正しく直しておきましょうね。

第10回　前置詞の悪夢

正答　He will come back to Japan in two weeks.

例題　次の日本文を英語に訳しなさい。
1. 10日以内にレポートを提出しなさい。
2. 工事はあと3週間もたてば終わるでしょう。　　　　（名古屋大）

【別冊解答 p.14】

Lesson 36　前置詞の悪夢（4）
場所を表す前置詞の使い方

問題　私の家は大通り沿いにあるので，道路の騒音に悩んでいる。

▶▶▶ 誤答例：Because our house stands along a main road, we are troubled by the noise of the traffic.

onの使い方

　前置詞の続き，今回は**場所を表す前置詞**です。場所を表す前置詞でなんとしても使い方をしっかりマスターしてもらいたいのが**"on"**です。"on"っていうのは通常，「～の上」って訳しますが，それじゃあ，だめです。

　例えば，「机**の上**の本」っていうのは，たしかに"a book **on** the desk"というように日本語の「～の上」と英語の"on"が対応しています。けれどもここで"on"を使うのは，本当は，「机の**上に**」本があるからではなく，**机と本とが接触しているからなんです**よね。

　その証拠に，「壁に掛かった絵」というのも"a picture on the wall"というように"on"を使えるわけですよね。「絵」は「壁」の上にはないにもかかわらず。

　さらには，「天井にとまったハエ」というのも"a fly on the ceiling"というように"on"を使う。どちらかといえば，天井の下にハエがいるのに……。

　ともかく何か巨大なものに小さなものが接していれば"on"なんです。

　逆に，日本語では「上」というのに"on"を使えない場合もありますよね。例えば，「山の上の月」っていうのは"the moon **above** the mountain"ですよね。まさか「山」と「月」は接していないですから。「上

空に」という意味での「上」は"above"を使うわけです。

　この**"on"は本当に使いこなせると便利**ですよ。例えば「湖のほとりの家」ってなんていいますか？　君たちはだいたい"a house near the lake"っていうんですね。それでもいいですが，これだと，湖まで歩いて5分くらい，っていうカンジです。本当に「ほとりに」あるなら，**"the house on the lake"**です。べつに水上に家が立ってるわけじゃないですよ。

　ということは，今回の問題の「大通り沿い」もやはり，"on"を使えるのがわかりますね。「ほとり」って言おうが，「沿い」って言おうが，**要するに「湖」や「大通り」に「家」が接している**，ということを言いたいだけなのですから。

　逆に，「沿い」って書いてあると，ついみんなalongを使いたがるのですが，なぜダメかわかりますか？　**"along"というのは「平行」ということを表す**のです。例えば，「道に沿って歩く」のが"walk along the street"です。「通り」と「歩く道のり」が平行だからです。ところが，「通り沿いの家」って，「通り」は直線ですが，「家」は点です。線と点には平行関係はありません。もし"along"を使ったら，こんな家ですよ（笑）！

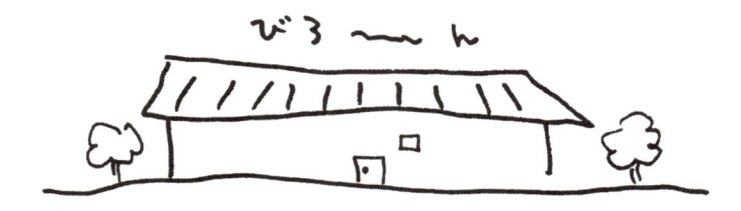

　それから，「悩む」のbe troubledもあまりよくないです。Part 2のp. 240を参照してください。

正答 Because our house stands **on** a main road, we are **bothered** by the noise of the traffic.

例題 次の日本文を英語に訳しなさい。

1. この川沿いにかつて古寺があった。
2. そのドアには「立入禁止」と書いた掲示が下がっていた。

【別冊解答 p.14】

Lesson 37　前置詞の悪夢 (5)
「〜ために」＝ for ではない

問題　雨のために，その試合は中止になった。

▶▶▶ 誤答例：The game was canceled for the rain.

　時間関係の前置詞，場所関係の前置詞と勉強してきましたが，そのほかにまだ，いくつか間違えやすいものがあります。今回は**「〜ために」という日本語をどう英語に訳すか**を考えてみましょう。

　もう少し具体的に言うと，君たちは中学校で"for"という前置詞を「〜ために」っていう意味だよって習いましたね。それが尾を引いていて，英作文でも「〜ために」って書いてあるとやたらと"for"を使う人が多いのです。そういう癖を直していこうというのが今回の目的です。

forの正しい使い方

　まず「彼女のために夕食を作る」"cook dinner for her"，こういう場合は言うまでもなく，"for"を使って結構です。これは第4文型の書き換えです。"cook her dinner"と言ってもいいわけですから。**第4文型でも書けそうなものは"for"でよいのです。**

　ところが，「外国語の勉強のためアメリカに行く」。これはどうでしょうか？"go to the U.S. for the study of English"，これは，非常にまずい言い方です。**こういう「ため」は目的**ですよね。もちろん，**目的を表すのは，**Lesson 30でやったように（→ p. 119），**to不定詞を使うか，so thatの構文を使うかです**。例えばto不定詞を使って，"go to the U.S. to study English"とすべきですね。

142

PART 1 ここが大事!! 英作文のツボ

さらには,「遅刻したために,先生が私をしかった」。問題はこれです。どうでしょうか? 正解はこんな文です。

The teacher **scolded** me **for** being late.

「遅刻したために」という部分が"for"という前置詞を使って表されています。「遅刻したために」というのは理由です。つまり,一見,理由も"for"を使って表せそうなカンジがします。

ところが,これはあくまでも非常に特殊な例なのです。この"scold"「しかる」という動詞は「賞罰動詞」と呼ばれています。「賞罰動詞」とは,その名の通り,「ほめる」とか,「罰する」とかいう意味の動詞たちです。**こういう動詞と組み合わせた場合だけ,"for"は「理由」を表すことができる**のです。

賞罰動詞	
thank you **for** helping me **praise** him **for** doing it **scold[blame]** him **for** being late **punish** him **for** stealing money **excuse[forgive]** me **for** being late **apologize to** him **for** being late	「助けてくれたためあなたに感謝する」 「それをしたため彼をほめる」 「遅刻したため彼をしかる」 「金を盗んだため彼を罰する」 「遅刻したのを許す」 「遅刻したため彼に謝る」
※そのほか **for** が使われない例外も重要	
accuse him **of** telling a lie **congratulate** him **on** passing the exam	「嘘をついたため彼を非難する」 「試験に受かったため彼を祝う」

こうした「賞罰動詞」は,言ってみれば熟語のようなものです。こうした熟語的な表現で,「ため」を"for"を使って表せるからといって,それを一般化しすぎてはいけません。**「雨のために中止になった」の「ため」まで"for"で表すことはできない**のです。

143

第10回　前置詞の悪夢

それでは何を使うかというと，**一般的には理由・原因は"because of"を使って表します**。言われてみれば，な〜んだ！ ってカンジだと思いますが，結構この"because of"って使えない人，多いですよ。

> **正答** Because of the rain, the game was canceled.

> **ポイント**
> 「〜ために」の表し方
> ・第4文型の書き換え➡ for
> ・目的➡ to 不定詞か so that 構文
> ・原因・理由➡（一般的には）because of
> 　　　　　➡（賞罰動詞と組み合わせて）for，of，on

「ために」を見たら，どういう意味で「ために」なのかな？ と，しっかり考えてください。

例題　次の日本文を英語に訳しなさい。
1. 最近円高のために，多くの人々が海外へ旅行します。（青山学院大）
2. 東京は夜に人が安全に歩くことのできる世界で唯一の大都市として賞賛されていた。　　　　　　　　　　　　　　　（都立大）

【別冊解答 p.14】

Lesson 38 　前置詞の悪夢（6）
「〜によって」＝byではない

問題　医学の進歩によって，多くの難病の治療が可能になった。

▶▶▶ 誤答例：Many serious diseases can be cured now by the progress of medicine.

　「〜ために」イコール"for"だ，という思いこみともう1つ，「〜によって」イコール"by"というビョーキもあります（笑）。
　まず，「アメリカはコロンブスによって発見された。」これは，
　　America was discovered by Columbus.
というように，"by"を使っていいですよね。受身で使われる"by"です。しかし，「大雨によって，川があふれた」これは，
　　The river flooded by the heavy rain.
で，いいのでしょうか？

byの正しい使い方

　受身の文では，本来の主語を"by"を使って表す，これは，わかります。最初の文では，あくまでも本来，「コロンブスがアメリカを発見した」という文を受身にしたのですから。
　ところが，あとのほうの文は"flood"「あふれる」という動詞が過去形になっただけです。
　ここで約束をしてください。受身の文以外では絶対に"by"を使わないでください。
　だいたい，変ですよね。もし問題文が「洪水のために…」となっていたら，君たちは"for"を使います。もし問題文が「洪水によって」となっ

ていたら，君たちは"by"を使います（笑）。これは，**君たちが英作文をするときに，いかに日本文にとらわれているか**，のいい証拠です。

「ために…」と書いてあろうが，「…よって」と書いてあろうが，ようするに，「洪水」が**原因**なんですよね。なんで，**"because of"**を使わないの⁉ でしょ？

または，**原因を表す「〜ために」はwithを使って表すことも場合によっては可能**です。なぜかというと"with"には比例を表して「〜するにつれて」という意味があるからです。

With age he became wiser.
「年齢とともに彼は賢くなっていった」

例えば，「科学の発達によって人々は豊かになった」などという文を訳すときには，「科学の発達のために」という意味だと考えて理由を表す"because of"を使うことも可能ですが，「科学の発達に伴って」と考えて，"with"を使うこともできるわけです。

With the progress of science, people became richer.

👉 **ポイント**　「〜によって」 ➡ もともと能動態の主語…by
　　　　　　　　　　　　➡ 理由…because of または with

それでは，冒頭の問題について考えてみましょうか。この文はたしかに受身「医学の進歩によって病気が治療される」というふうになっています。しかし，実際に病気を治療するのはお医者さんです。医学の進歩というのは，もともとこの文の主語だったとは考えられません。**したがって，"by"を使うことはできない**のです。

> **正答** Because of[With] the progress of medicine, many serious diseases can be cured now.

あと，単語について言うと，「発達」を"development"で表そうとする人がよくいますが，よくないです。Part 2, p. 237 を参照しておいてください。

例題 次の日本文を英語に訳しなさい。
1. テレビの普及によって人々の家にいる時間は長くなった。
2. 通信手段の進歩により世界はますます小さくなっている。

（実践女子大）

【別冊解答 p.14】

Lesson 39　前置詞の悪夢（7）
手段や道具を表す前置詞

問題　彼は 8 時 30 分の JAL 便でサンフランシスコに向かう。

▶▶▶ 誤答例：He will leave for San Francisco by the eight thirty JAL flight.

　もう 1 つ，使い分けがちょっと面倒なのが，「~で」というのをどう表すか，つまり，**手段や道具の表し方**です。

「~で」の正しい表し方
　例えば，「ナイフでリンゴを切る」ってなんて言いますか？
　生徒：" cut an apple **with** a knife" ですか？
　そうそう，よくできました。ふつう道具は "with" を使って表します。これが大原則です。ところが，それじゃあ，「電車で学校に行く」はどうですか？
　生徒：" go to school **by** train"
　そうですね。「ナイフで」も「電車で」もどちらも「~で」ですが，こちらは，"by" を使って表します。なぜかというと **『交通・伝達手段』は "by" を使うというルールがある**からです。

　交通手段のほうはみんな知っているんですけどね。"by train"「電車で」とか，"by bus"「バスで」とか，"by air"「飛行機で」とかね。だけど，伝達手段もそうですよ。"by fax"「ファックスで」とか，"by express"「速達で」とか。まずそこを確認しておきましょう。

　けれども，この表現でちょっと注意してほしいのは，"by train" とか言うときに，**"train" が無冠詞になっている**ことです。本来は「電車」

は可算名詞です。だから，冠詞をつけるか，複数にするかしなければおかしいんです。

ところが，ここでは，なにもつけずに無冠詞で使われている。なぜこういうことが許されるかというと，ここでは，**「電車という乗り物」というように，いわば抽象名詞化している**からなんです。

ということは，逆から言うとあきらかに，抽象的な「電車という乗り物」というのではなく，「この電車で」とか，「8時の電車で」とか，**具体的な特定の電車を指す場合には，この表現は使えない**ということです。

いいですか。確認しておきますよ。**交通手段の by は後ろに無冠詞の名詞が来て，"どのバスか""どの電車か"を特定しないときだけ，使える**のです。それでは，そうじゃないときは，どうしたらいいか？ そういうときは，"**in**"か"**on**"を使います。

"go **on** the No. 8 bus"「8番のバスで行く」とか"go **in** his car"「彼の車に乗っていく」とかいうようにです。"in"と"on"の違いはそれほど神経質にならなくてもいいでしょう。

> **ポイント**
> 道具 ➡ with
> 交通・伝達手段 ➡ by（ただし，交通手段に修飾語がつくときは in か on）

go by bus
go in his car!

第10回 前置詞の悪夢

これで冒頭の問題も何が悪いかわかりますね。

正答 He will leave for San Francisco on[in] the eight thirty JAL flight.

例題 次の日本文を英語に訳しなさい。

1. この手紙を速達で送りたいのですが。
2. 6時の新幹線で東京を出れば8時には仙台に着きます。

【別冊解答 p.15】

Lesson 40 　前置詞の悪夢（8）
withoutの正しい使い方

問題 雨が降っていたので彼は出かけずに家にいた。

▶▶▶ 誤答例：Because it was raining, he stayed home without going out.

「〜せずに〜する」の2つの意味

　さあ，前置詞も最終回です。最後にもう1つだけ注意してもらいたい前置詞は**"without"**です。"without"というのは「〜なしに」という意味の前置詞で，**後ろにしばしば〜ing がきて「〜することなしに」という意味になる**ということは，みんな知っていますね。

　例えば，「不平も言わずに働く」なんていうのは，この"without 〜ing"を便利に活用して，"work without complaining"とすればいいわけです。"complain"という動詞は「不平を言う」という意味の動詞ですから，「不平を言うことなしに働く」となるわけです。

　こういう場合には"without 〜ing"を大いに活用してもらいたいんですが，逆に「出かけずに，家にいる」の場合は，"stay home without going out"はまずいんです。なんでだかわかりますか？

　「不平を言わず働く」も「出かけずに家にいる」も，どちらも「〜せずに〜する」というカタチでそっくりに見えますよね。**でも両者はぜんぜん別物です。**

　なぜか？ 最初の例では，「不平を言う」という行為をしながら，同時に「働く」という行為もできますよね。堅苦しい言い方かもしれませんが，要するに「チョームカツク」とかブリブリ文句をたれながら手はしょうがなく動かす（笑），っていうことは当然できますね。

151

第10回 前置詞の悪夢

　ところが，後ろの例ではどうですか？「出かける」という行為と「家にいる」という行為を同時にできますか？　そんなこと，遊体分離でもしなければ無理ですね。

　つまり，「不平を言わずに働く」というのは，「不平を言う」という行為と「働く」という行為と，**2つの行為を同時にすることができるのに，片方だけ行ってもう片方は行わない**，という意味なわけです。こういう時には"without"を使うことができるのです。

　ところが，「出かけずに家にいる」というときには，「出かける」という行為と「家にいる」という行為が二者択一で，**どちらかを選べばもう片方は選べないという状況で，どちらかを選んだ**，ということを表しているわけです。**こういうときには，"without"は使えません**。それでは何を使うかというと，君たちが，「〜する代わりに」と覚えているはずの**"instead of 〜ing"**を使います。

> **ポイント**
>
> 「〜せずに〜する」
> 同時にできる2つの行為の片方だけする
> ➡ **"without 〜ing"**
> 二者択一のどちらかを選ぶ➡ **"instead of 〜ing"**

　ですから，冒頭の問題も"without"ではおかしいですね。

正答　Because it was raining, he stayed home instead of going out.

PART 1　ここが大事!!　英作文のツボ

それでは，次の例題もどちらがいいかよく考えてやってみてください。

例題　次の日本文を英語に訳しなさい。
1. 私たちは生活必需品の多くを外国に依存していることに気づかずに暮らしている。
　　　　　　　　　　　　　　　　　　　　　　　　　　（鹿児島大）
2. ジョイアスロン(joy-athron)と呼ばれるレースでは，お互いに競争せずに人々は自分のペースでレースを楽しむことができる。
　　　　　　　　　　　　　　　　　　　　　　　　　　（新潟大）
【別冊解答 p.15】

第11回 頻出表現対策！

Lesson 41　頻出表現対策！(1)
断定を避ける表現の使い方

問題　このコンピューターは動かない。壊れているみたいだ。

▶▶▶ 誤答例：This computer doesn't work. It may be broken.

今回からは，1つひとつの文法単元に沿った勉強は終わりにして，もう少し実戦的に，入試の英作文によく出題される表現の中で，君たちが間違えやすいものを勉強していくことにしましょう。

確率が等分な"may"

まず，第1回目は「〜らしい」とか「〜かもしれない」とかいうような，"断定を避ける表現"についてです。

君たちのビョーキを一言で言えば「"may"を使いすぎる」ということにつきます。「皆勤賞のあいつがいない。病気かも知れない」なんていうときにまで，"He may be ill."などと，"may"を使うのは，非常にまずいです。"may"というのは，君たちが思っているのより，ずっと，起こりうる確率が低いことを表します。

"may"は何パーセントを表す，と一概に

言うことはできませんが，『"may"は確率が等分だ』と考えてください。どういうことかというと，

　He may come.

　「彼は来るかも知れない」

と言ったとしますね。そうすると，この発言の裏には，"He may come or not come."というのが隠れていると考えるのです。つまり「来るかもしれないし，来ないかもしれない」ということですから，確率は50%ずつ，ということです。

　さらには，例えば，"He may come at 3, at 4 or at 5."「彼は3時に来るかも知れないし，4時に来るかも知れないし，5時に来るかも知れない」と言えば，確率は$\frac{1}{3}$ずつです。

　わかりますか？　そういう意味で，"may"は確率が等分なのです。そうすると，「あいつ，病気かも知れない」っていうさっきの文で"may"を使うのは，すごく変なことだということがわかりますね？ "He may be ill."と言ったら，たとえ書いていなくても，「病気か，そうじゃないか」という2つの選択肢が誰の頭にも浮かびます。ということは，"He may be ill."というのは，「50%の確率で彼は病気だ」と言っていることになるわけですよ。

　皆勤賞のまじめな彼が，初めて学校を休んでいるというのに，「病気かも知れないなあ～（50%），病気じゃないかも知れないなあ～（50%）」というのは，ちょっとヘンですよね。

　ここでは，"皆勤賞をとるほどの彼が休んでいるのだから，ずる休みのはずはない。おそらくは，病気だろう！"と言いたいのですからね。

"seem"を使う場合

　こういうときには，"seem"という動詞を使うのが，一番です。"seem"は「～のようにみえる」などと訳しますが，もう少し正確に言うと，「論

理的に～と推論できる」，という意味です。

「あのまじめ男が休んでいる」という状況を分析した結果，「病気だ」ということが推察できる，というときに"seem"を使うのです。ですから，ここでは"seem"がピッタリですね。

ただし，"seem"は使い方に注意ですね。形式主語の"it"を使って，**"It seems that S + V."** というカタチで使うか，または，普通の主語をそのまま主語として使って，**"S seems to …"** というカタチで，使うかどちらかです。

では，冒頭の問題に戻りましょう。「壊れている」は"Something is wrong with ～ ."がよいです（Part 2, p. 204 参照）。これに"seem"をかけ合わせればいいわけですから，こうなりますね。

正答
① **This computer doesn't work. It seems that something is wrong with it.**
② **This computer doesn't work. Something seems to be wrong with it.**

「～らしい」のいろいろ

さて，「～らしい」をもうちょっと詳しくやりましょう。"seem"と似た単語に"look"があります。"look"は「～に見える」という意味ですよね。"seem"とほぼ同じと考えてもらってもいいんですが，ちょっとした違いもあります。

まず，意味の上で，"seem"がさっき言ったように「論理的な結論」だとしたら，**"look"は文字通り「見た目での判断」**です。「欠席ということから判断して，彼は病気らしい」というのが"seem"を使って表現できるとしたら，今，目の前にいる人の「顔色が悪い」という**「見た目」から判断して病気らしい，というのが"look"**です。

それからカタチの上では，look の場合，形式主語を使って It looks … としたときには，"seem"とは違って"that"節を続けることはできません。必ず，**"It looks as if S ＋ V."「あたかも〜のように見える」というふうに，"as if …"を続けなければならない**のです。ちょっと面倒ですが，注意してください。

> You look pale. You **look to** be ill.〔It **looks as if** you are ill.〕
> 「顔色が悪いな。君は病気みたいだよ」

さらに続けましょう。こんな文はどうですか？「彼は，お金持ちらしい」。

"may"の使いすぎと並んで，もう１つ君たちが使いすぎるものが，"It is said that S ＋ V."というカタチです。上のような文でも，平気で，"It is said that he is rich."などと書いてしまう人が非常に多いんですね。たしかに，文法の練習問題とかに，こういう文ってよく出てきますから無理もないのですが，これはダメです。

"It is said that S ＋ V"と言うカタチは，世間の定説にしか，使えないと考えてください。いつも言うのは，ラジオで「子供電話相談室」ってありますよね？ あそこに電話かけて，教えてもらえるようなことにしか使ってはいけません。ここの「彼」ってどんな有名人なのか知りませんが，子供電話相談室に電話かけて「彼ってお金持ちですか？」って聞いたら，どうですか(笑)？

逆に例えば，「野菜は身体にいいらしい」なんていうのは，大いにこれを使ってくれていいですよ。

> **It is said that** vegetables are good for your health.

さっきのような「伝聞」にも日本語では，「〜らしい」っていうのを使いますよね。「あの先生，結婚してるらしいよ」とかね。こういう「伝

聞」の「〜らしい」には"**I hear that S ＋ V**"を使ってください。

I hear (that) he is married.

それでは，まとめておきましょう。いっぱいありましたね。

> **ポイント**
>
> **断定を避ける表現「〜らしい」**
> ・may ← 多用禁止
> ・It seems that S ＋ V/S seems 形容詞[to 不定詞]　　　　　　　　　　　← 論理的結論
> ・It looks as if S ＋ V/S looks 形容詞[to 不定詞]　　　　　　　　　　　← 見た目から判断
> ・It is said that S ＋ V ← 定説
> ・I hear that S ＋ V ← 伝聞

例題　次の日本文を英語に訳しなさい。
1. 彼は一言も口をきかなかった。怒っているらしかった。
2. 日本人は旅行好きのようで，昨夏に国内外のどこかへ旅行した人の数はおよそ5百万人らしい。　　　　　　　　　（同志社大）

【別冊解答 p.15】

Lesson 42 頻出表現対策！(2)
「〜ぶりに」の便利な表現

> **問題** 昨日 5 年ぶりに彼に会った。

▶▶▶ 誤答例：I met him after five years' absence yesterday.

　もう1つ，入試によく出題されて，みんなできないのが，この「〜ぶりに」というやつです。

　授業でこれをやると，どこかの和英辞典にでも書いてあるのか，みんな"after 〜 absence"って書くんですよね。でも"absence"っていうのは「不在」っていう意味ですよね。「5年間の不在のあと，彼は日本に帰ってきた」とかそういう文の中では，使えるかも知れないけど，「10日間の不在のあと，雨が降った」とか言ったらヘンですよね。

　だから，「〜ぶり」という日本語を表すのにいつでも使えるわけではないのです。

　それじゃあ，「〜ぶり」はどういうふうに表したらいいでしょうか？便利な表現がありますから，ぜひ覚えてください。

> **ポイント**　「〜ぶり」 ➡ for the first time in 時間

　例えば，冒頭の問題で考えてみましょうか。

> **正答**　Yesterday I met him **for the first time in five years**.

第11回 頻出表現対策！

これでいいのです。つまり直訳すれば「昨日，5年間で初めて彼に会った」ということです。最近5年間で初めて，ということは，5年ぶりということになりますよね。

この表現のいいところは，さらに応用がきくことです。

例えば，さっきの問題をちょっと変えてみましょう。「昨日私は彼に久しぶりに会った。」これだったら，どうなるでしょうか。

生徒：えっと…Yesterday I met him after a long time of …

先生：いや，だからさっきの応用だって。「長期間の中で初めて会った」と言えばいいわけでしょ。

生徒：あ，そっか。Yesterday I met him **for the first time in a long time**.

そういうことですね。

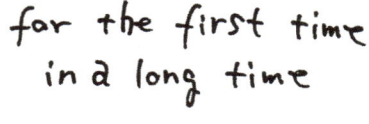

for the first time in a long time

少年老い易く…

> **ポイント**　「久しぶりに」 ➡ for the first time in a long time

PART 1　ここが大事!!　英作文のツボ

下の練習問題でよく慣れておいてください。

例題　次の日本文を英語に訳しなさい。
1. 今日久しぶりに雨が降った。
2. 北海道に住んでいる友人が10年ぶりに遊びに来てくれます。

（中京大）

【別冊解答 p.16】

Lesson 43

頻出表現対策！(3)
「～して初めて～」の表し方

> **問題** 家に着いて初めて私は傘を電車に忘れたことに気づいた。

▶▶▶ 誤答例：It was not until I got home that I realized that I forgot my umbrella in the train.

　上の誤答例は、おおよそよくできています。ただ、「忘れる」は"forget"ではなく、"left"を使うべきです。Part 2, p.196 を参照してください。

　それで、この人は「～して、初めて～する」というのを、受験英語ではすごく有名な"It is not until … that …"というカタチで書いてくれたわけです。それでもよいのですが、もっと簡単に書けるんです。それが、今回のテーマ。

Simple is best.
　どうするかというと"only"という単語を使うのです。例えば、

　　I knew the fact only yesterday.

これってどういう意味ですか？「私は昨日だけ、その事実を知っていた??」違いますよ。「私は昨日になって初めて、その事実を知った」という意味です。意外な盲点なんですけど、"only"には「～だけ」という意味の他に「～して初めて、～してようやく」という意味もあるのです。
　これを使えば、冒頭の問題も簡単に処理できますね。

> **正答** ① I realized that I left my umbrella in the train only when[after] I got home.

162

PART 1　ここが大事!!　英作文のツボ

"only when S + V"「〜したときになって初めて」または，"only after S + V"「〜したあとになって初めて」と言えばいいわけです。

もう少し複雑になりますが，こういう言い方もあります。

正答 ② **I didn't realize that I left my umbrella in the train until I got home.**

難しいですか？ "not + until" などと言われているカタチですが，要するに，「家に帰るまでは傘を忘れたと気づかなかった」と言っているのです。「〜するまでは〜しなかった」と言えば，「〜して初めて〜した」というのと同じ意味になるわけです。

つまり "only" と「否定文と "until"」を組み合わせるのと，結局同じ意味になるわけです。

ポイント　「〜して初めて〜」 ➡ only か not + until

さらにはこの "not + until" の文を強調構文にすると，最初に誤答例として示した有名な構文 "it is not until … that …" のカタチになるのですが，英作文では無理にこんな間違えやすいカタチを使う必要はありません。Simple is best. です。

例題　次の日本文を英語に訳しなさい。
1. 彼女が死んで初めて，いい人だったと気がついた。　　（東京大）
2. 外国に暮らしてみて初めて，自分がいかに日本を知らなかったかということに気がついた。　　（秋田大）

【別冊解答 p.16】

163

Lesson 44 　頻出表現対策！（4）
「～することができた」の表し方

問題　1年間の努力の末，彼はその大学に入ることができた。

▶▶▶ 誤答例：After a year of efforts, he could get into that college.

　これも君たちが，しょっちゅうやるミスです。

　中学校の時"can"は「～できる」という意味だ，と習いましたよね。そして，"can"の過去形は"could"だとも習いましたね。だから，君たちは当然，"could"は「～できた」という意味だと推測します。それで，「～することができた」という日本語が出てくると機械的に"could"に置き換えるのです。

「～できた」＝couldではない

　結論から言えば，こういう考え方は，完全に間違っています。「～することができた」という日本語は必ずしも"could"にはなりません！

　なぜか？　…いくつか理由があるのですが，その中で一番わかりやすい理由を1つだけあげます。

　このごろは小学校や中学校はすごく設備がよくて，必ずプールがあるはずだから，君たちもきっとみんな泳げますよね？　そこでぼくが君たちに尋ねます。"Can you swim?"って。きっと君たちは，"Yes, I can."って答えますよね。それで，その証拠を見せるために，君たちは，この場で，いきなり裸になって，泳ぎだしますか？　ほら！　先生，このとおり！　ちゃんと泳げるよ！　なんて…（笑）。

　そんな，バカな！　何が言いたいか，わかります？「泳げる」ってい

うことと、実際にその場で「泳ぐ」ということは別物です。当たり前ですよね。

過去形の"could"でも話は同じなのです。**何かをする能力があったということと、実際にそれをしたかどうかというのは別問題**なのです。「その大学に入ることはできた」、でも自分の行きたい大学じゃないから願書も出さなかった、なんていうことは君たちだってよくあることでしょ？ could というのはそういった単純に"能力がある"といった可能性を表す表現にとどまるときにのみ使えるわけです。

ところが、**日本語の「〜することができた」というのは、いつでも、「そうする能力があった」（可能性）というだけでなく、「そうした」（事実）という意味を含んでいます**よね。

例えば「彼は先生の質問に答えることができた」っていう文を見て、どう思いますか。この「彼」は先生の質問に答えたんだなって自然に思いますよね。答える能力はあったんだけど、『そんなバカな質問に答えられるか！』っていうんで黙っていたなんて思いませんね。

ここに日本語の「〜できた」と英語の"could"の大きなギャップがあるのです。

それでは、「〜できた」はどう英語に訳したらいいでしょうか。**「〜する能力があって、実際にそれをした」**というには、英語では**"manage to do"「どうにか〜する」か"succeed in 〜ing"「〜することに成功する」**を使います。または、もっと単純に「〜した」というように、**過去形**で言ってしまってもかまいません。

冒頭の問題で考えてみましょう。「努力の1年の末」って言う部分も、間違ってはいないですが、多少漠然としているので、少し書き直しますね。

第11回　頻出表現対策！

> **正答**
> ① After studying hard for a year, he managed to get into that college.
> ② After studying hard for a year, he succeeded in getting into that college.
> ③ After studying hard for a year, he got into that college.

　逆に，「〜することができなかった」という否定文の時には，"couldn't"で結構です。なぜかといえば，「〜する能力がない」状態なら，現実にも「〜する」はずがないですから。

　ということで，まとめておきましょうか。

> **ポイント**
> 「〜することができた」→ succeed in 〜ing
> 　　　　　　　　　　 または manage to do または過去形
> 「〜することができなかった」→ couldn't

　これも次の練習問題で実際に使ってみて，体得してください。

例題　次の日本文を英語に訳しなさい。

1. 昨日宿題を仕上げてしまうことができたので今日は暇だ。
2. 上司のところへ行って9月に休暇をくださいと頼んだ。彼はその考えが気に入らないようだったが，私はなんとか彼を説得できた。

（関西大）

【別冊解答 p.16】

Lesson 45　頻出表現対策！(5)
間違えやすい品詞の使い方

問題　うちの子供たちはお互いけんかばかりで困ります。

▶▶▶ 誤答例：The trouble is that our children always quarrel each other.

今回は，君たちが**品詞を誤解しやすい単語・熟語**を特集しましょう。

each otherは代名詞

　誤解されやすい単語の横綱はなんといっても **"each other"** です。"each other" は「お互いに(×)」ではなく **「お互い(○)」**です。何が言いたいかというと，**これは立派な代名詞だということです**。副詞ではありません。

　例えば，「彼らはお互いを愛し合っている」。これをもし訳すなら，They love each other. でいいですよね。"love"は他動詞であり，その目的語に"each other"という代名詞が来ているからです。

　ところが，「彼らはお互いを見つめ合った」はどうなりますか。

　They looked each other.(×)はまずいですよ。なぜかというと，例えば「彼らはその犬を見た」ならば，They looked at that dog. でしょ？この"that dog"という名詞とまったく同じように使わなければならないのが，代名詞である"each other"なわけですから，当然，They looked **at** each other.(○)と言わなければならないわけです。

　では，冒頭の問題についても考えてみましょう。**「〜と(口)けんかする」というのは"quarrel with 人"**ですね。当然"each other"を使っても，次のようになるわけです。

第11回 頻出表現対策！

> **正答** The trouble is that our children always quarrel with each other.

evenの品詞は？

　ついでに，もう少し，品詞を間違えやすい単語を確認していきましょう。ぼくの経験上，大関は"even"です。例えば「たとえ雨が降っても私は出かける」っていう文を訳してみましょう。

　　Even it rains, I will go. （×）

なんてやっていませんか？ 間違いですよ。**"even"は「〜さえ」という意味を持つ副詞**です。どういうことかというと，次の2つの文を比べてみてください。

　　He works on Sundays.「彼は日曜日に働く」
　　He works even on Sundays.「彼は日曜日にさえ働く」

　"even"を"on Sundays"の前につけると，「平日はもちろんのこと，日曜日にも」という意味になるのです。じゃあ，次の文はどうでしょう。

　　This book is good for beginners.「この本は初心者によい」
　　This book is good even for beginners.「この本は初心者に
　　　　　　　　　　　　　　　　　　　　　さえよい」

　いいですね。"even"をつけることによって，結局，「誰にとっても」という意味になるわけです。同様に，

　　If it rains, I will go out.「雨が降ったら出かける」
　　Even if it rains, I will go out.「雨が降った場合でさえ出かける」

つまり"even"は接続詞ではありません。「もし〜なら」という"if"と

168

いう接続詞の前につけて,「もし～したときでさえ」ということ,つまり「どんな場合でも」ということを表す副詞なのです。

becauseの注意点

もう1つ君たちが品詞を間違えやすいのが,"**because**"です。

例えば,「私は今日は家にいたい。疲れているからだ」というのを訳すときに,こんなふうにする人がいます。

　I want to stay home today. Because I'm tired.　（×）

なにがまずいかわかりますか？ 当たり前のことですが,**"because"は接続詞**です。2つの文を結ぶ働きがあるわけです。

ところが2つ目の文は"Because S + V"という形で,"because"が本来の,接続詞としてのはたらきを果たしていないのです。正しくは,こうすべきです。

　I want to stay home today **because** I'm tired.　（○）

つまり,ピリオドで区切らず一気に2つの文をつなげてしまうわけです。または,**"It is because S + V"** という決まり文句がありますから,これを使って,

　I want to stay home today. **It is because** I'm tired.　（○）

としてもよいです。同じようなもんじゃないか！ って君たちは思うかも知れませんが,これは減点対象です。

以上まとめておきましょう。

> **ポイント**
> each other ➡ 代名詞
> even ➡ 副詞
> because ➡ 接続詞

第11回　頻出表現対策！

　まだまだ言い出せばきりがないんです。例えば，"cross"は「横切る」という他動詞だけれども，"across"は「～を横切って」という前置詞だとか…。だから，「道を横切る」は"cross a street"か"go across a street"です。君たちも日常の勉強で，**たえず品詞を意識する癖をつけなければダメ**ですよ。

　　　cross ＝動詞　⟺　across ＝前置詞
　　　　（go across a street ≒ cross a street）
　　　like ＝前置詞　⟺　alike ＝形容詞
　　　　（He looks like her. ≒ He and she are alike.）
　　　Swiss ＝形容詞　⟺　Switzerland ＝名詞
　　　　（a Swiss watch ≒ a watch made in Switzerland）

などなどです。

例題　次の日本文を英語に訳しなさい。
　1. 彼らはお互いの言うことに耳を傾けようとはしなかった。
　2. 自分の子供に対してでもそういうことは言うべきではない。

（中央大 改）

【別冊解答 p.17】

Lesson 46　頻出表現対策！(6)
"数字＋単位を表す名詞"

問題　この橋の幅は 10 メートルだ。

▶▶▶ 誤答例：The width of this bridge is ten meters.

　今回の「誤答例」は間違ってはいません。ただ，少しぎこちない言い方です。もっと簡単な言い方があるのだ，というお話です。
　テーマとしては，**「数字＋単位を表す名詞」**ということです。
　例えば，「彼は 20 歳だ」は，He is twenty years old. ですね。誰でも知ってるこの言い方は，実はすごく応用がきくんです。

応用のきく語法

　もともとこの文って，He is old. っていう文があって，その "old" の前に "twenty years" が「彼は **20 歳だけ**年寄りだ」みたいに割り込んでいるんですね。わかるかな？ つまり，**"twenty" という数字と "years" という単位を表す名詞は，セットになって，"old" という形容詞を修飾する副詞の役割をしている**わけです。
　この副詞句の利用法は 2 つあります。1 つは，さっきの冒頭の問題のような文を英語に訳すときに使うということです。「この橋の幅は…」とあるからといって，「幅」なんていう名詞を主語にしなくても，まず，"This bridge is wide." 「この橋は幅広い」という文を考え，この "wide" という形容詞の前に「10 メートル分だけ」という副詞句を入れてやればいいわけです。

171

第11回 頻出表現対策！

正答 This bridge is ten meters wide.

　直訳すると「この橋は 10 メートルだけ幅広い」というカンジで，なんかヘンですが，これで正しい文なわけです。

　もう 1 つの使い方は，**after や before による副詞句(節)を修飾する**やりかたです。

　They got divorced **three years after** they got married.
　「彼らは結婚した 3 年後に離婚した」
　He was born **five months before** the war ended.
　「彼は戦争が終わる 5 か月前に生まれた」

> **ポイント**
> 　数字＋単位の名詞＝**副詞句**を作る
> 　➡ old, long, wide, high などの形容詞を修飾
> 　➡ after/before による副詞句(節)を修飾

　さて，この「数字＋単位を表す名詞」はもう 1 つの役割があります。それは**形容詞句を作って名詞を修飾する**という役割です。

　例えば，「2 週間の休暇」っていうのは，"a two week vacation"と言

います。「10 ドル札」なら，"a ten dollar bill"です。簡単で便利な言い方でしょ。ただし，文法問題でもよく出るところなんですが，この場合はちょっと注意してほしいところがあります。**単位を表す名詞を決して複数形にはしない**ということです。つまり"a ten dollar**s** bill(×)"とはしないということです。

> **ポイント**
> 数字＋単位の名詞＝**形容詞句**を作る
> ただし単位の名詞は必ず**単数形**！

例題 次の日本文を英語に訳しなさい。
1. 第二次大戦が終わって3年後に彼は生まれた。
2. 彼は400メートル競走で日本記録をつくった。

【別冊解答 p.17】

Lesson 47　頻出表現対策！(7)
感情を表す文の正しい使い方

問題　事件の突然の解決にみんなが驚いた。

▶▶▶ 誤答例：Everyone was surprised at the case being solved suddenly.

今回は，**感情を表す文**，つまり「～してうれしかった」とか「～して驚いた」とか「～してがっかりした」とかいうような文の書き方です。

3通りの感情の原因の表し方

「うれしかった」とか「驚いた」とか感情を表す表現の後には，「～して」という部分，つまりその感情の原因を表す部分がきます。

この**感情の原因は一般的に3通りに表すことができる**ことを知っておいてください。例えば，次の例を見てください。

①　I was surprised **at** the news.「その知らせに驚いた」
②　I was surprised **to** hear that he got married.
　　「彼が結婚したことを聞いて驚いた」
③　I was surprised **that** he knew it.
　　「彼がそれを知っていたことに驚いた」

①は，"at" という前置詞を使って書いてあります。この前置詞は "at" だったり，"about" だったり，"for" だったり，場合によっていろいろですが，例えば「驚いた」なら "be surprised at ～" というように熟語のカタチで覚えていますよね。その**前置詞**を使うやりかたです。

②は **to 不定詞**を使って「驚いた」理由を表しています。

③は **that 節**を使って「驚いた」理由を表しています。

　この 3 つの文はいずれも正しい文です。どこが違うか？　どこも違いません。**一番使いやすそうなものを，場合，場合によって使い分ける**だけです。

　ところが，こう言っちゃ失礼かもしれないけど，文法知識で頭がいっぱいの頭のカタイ人，そういう人は，この 3 つを自由に使い分けることができなくて，たいてい昔覚えた "be surprised at" という熟語に固執してしまう傾向があるようです。

　そうなると "at" は前置詞ですから，次には名詞が来ないといけません。そこでたまたま「知らせに驚く」なんて文なら，"at the news" として，問題はないのですが，今回の問題のように「その事件の突然の解決に…」なんてなっていると，むりやりやるんですね。

　"being solved suddenly" で「突然解決されること」という動名詞だ。そうだ，動名詞の主語は 〜ing の前にくっつければいいんだ，なんて言って，"the case being solved suddenly" で「事件が突然解決されること」っていう動名詞になる，なんてやってしまう。

　そうしてできあがったのが，この誤答例です。断っておきますが，この文は文法的には正しいです。けれど，もし入試でこんな文を書いたら，採点官は，「かわいそうに。受験英語の知識で頭がいっぱいなんだな」と同情しながら，大きく減点するでしょう。あまりに自然さを欠いている文だからです。

　to 不定詞や that 節を使えば，もっと簡単に書けます。

　　Everyone was surprised **that** the case was solved suddenly.　　　　　　　　　　　　　　　　　　　　(○)

Everyone was surprised to hear that the case was solved suddenly. (○)

　この2つは，どちらも○をもらえる答案です。けれども，厳密に言えば，下の方がおすすめです。「みんな」が刑事でその現場にいたのなら話は別ですが。

　どういうことかと言えば，「みんなが驚いた」直接原因は何ですか？「事件が突然解決された」のが原因であることには違いないですが，現場にいたわけじゃないですから（おそらく），事件解決の瞬間に驚きを味わうっていうことはできませんでしたよね。

　おそらく，その数時間後に誰かに聞くか，テレビで見るかして，ようやく一般の人は驚きを味わうことができるわけです。その意味で，「驚いた」直接原因は，「事件解決を知ったこと」です。

　したがって，たとえ日本語では書かれていなくても"to hear"か"to learn"を入れたほうがベターなのです。

　まとめておきましょう。

PART 1　ここが大事!!　英作文のツボ

> 感情を表す文の表現法
> ➡ **前置詞**を使う
> ・be surprised at ～「～に驚く」
> ・be glad at ～「～によろこぶ」
> ・be sorry for ～「～を残念に思う」
> ・be disappointed about ～「～にがっかりする」
>
> 　　　　　　　　　　　　　　　　　　　　　など
>
> **ポイント**
>
> ➡ **to 不定詞**を使う
> 　be surprised などに続けて
> 　・to learn that S + V「～を知って」
> 　・to hear that S + V「～を聞いて」
> 　・to see O + C「～を見て」　　　　　　　など
>
> ➡ **that** 節を使う
> 　be surprised that など

ということは，冒頭の問題の答えはこうなります。

正答　Everyone was surprised to hear[to learn] that the case was solved suddenly.

例題　次の日本文を英語に訳しなさい。

1. 彼が試験に落ちてみんなガッカリした。
2. 北京(Beijing)を訪れる観光客はタクシーの急増ぶりに驚く。

（成城大）

【別冊解答 p.18】

Lesson 48 頻出表現対策！(8)
「〜しながら」の表し方

問題 彼は部屋で勉強しながら寝てしまった。

▶▶▶ 誤答例：He fell asleep studying in his room.

　頻出表現の最後は「**〜しながら**」という日本語の訳し方です。「〜しながら」というのはなぜか分詞構文を使って訳そうとする人が多いのですが，一般的に言って，**分詞構文はあまり作文で使うメリットはありません**。

接続詞becauseを使う

　例えば，「近くに住んでいるので，彼はしばしば遊びに来る。」という日本語を英訳するとして，

　　Living near, he often comes to see us.

というふうに分詞構文を使おうと思えば，使えなくはないですが，べつに分詞構文を使わなくても，

　　Because he lives near, he often comes to see us.

というふうに"because"という接続詞を使えば，十分，表現できるわけですから，あまり分詞構文でなければならない理由はありません。

接続詞whileを使う

　文法で習って知っていると思いますが，分詞構文というのは，もとも

と接続詞を省略して2つの文を結ぶやり方なのです。だから、**分詞構文を使わなくても、接続詞を使って同じことを書き表すことができるわけです。**

「〜しながら」というのも、例外ではありません。なにも分詞構文を使わなくても、"while"「〜している間に」という接続詞が立派に存在するわけですから、これを使えばいいわけです。

> **正答** ① He fell asleep **while** (he was) studying in his room.

接続詞のあと、S＋be動詞は省略可能ですから、上の正答①の"he was"の部分はあってもなくてもかまいません。

分詞構文を使いたい人へ

それでもやはり、「〜しながら」という日本語を見ると、どうしても分詞構文を使いたくなってしまう人、それならそれでもいいです。けれども「〜しながら」という意味で分詞構文を使うときにちょっとだけ気をつけてほしいことがあります。

日本語の「〜しながら」という表現はかなり曖昧なんです。**必ずしも2つの行為を同時にしたと言うことにはなりません。**

例えば、「駅で彼女を待ちながら雑誌を読む」という日本語を考えてみましょう。「ながら」と言いますが、本当にこの「待つ」という行為と「読む」という行為が完全に同時に行われるのかな？例えば、キミが、彼女と渋谷のハチ公の前で待ち合わせするとします。キミがハチ公に到着する。そして、キョロキョロまわりを見回して、「なんだまだ来てないのか」。そして、しょうがないから、さっき買った雑誌を袋から取り

出して読み始める。そうでしょ？ 待ち合わせのハチ公についたその瞬間に，まわりも確かめず雑誌を読み出す人いますか？

　まず，「待ち始める」。そのあと「読み始める」。そうでしょ？ **分詞構文では，この順番を守らなければならない**んです。

　Waiting for her at the station, he read a magazine. （○）

　このように書けば，読む人は「待つ」という単語を先に目にしてから「読む」という単語を目にします。現実に彼がとった行動と同じ順番です。だから，これはよい文なのです。ところが，

　He read a magazine waiting for her. （×）

　分詞構文を後ろに持っていきました。こうすると，「読む」が先で「待つ」が後になってしまいます。こういうふうに書いてしまうと，すごくヘンなんですね。まさに，雑誌を読みながらハチ公の前に登場したみたいなんですね。

　今度はこうしてみます。

　He waited for her reading a magazine. （○）

　今度はどうでしょう？ さっきの2つの文は「彼女を待ちながら雑誌を読んだ」でした。今度の文は「雑誌を読みながら彼女を待った」です。同じですよね。しかもこの文，「待つ」が先で「読む」が後になっています。だからこの文もよい文なのです。

　わかりましたか？ どれも似たような文なんですが，1番目と3番目の文はよいのですが，**2番目の文はダメ**なんです。面倒ですね。だんだん慣れてきて，分詞構文というものを本当に体得してくれば別にどうってことないんですけどね。ま，だから，分詞構文はあまりいい気になって使うとヤバイっていうことがわかったでしょ？

それでは課題文に戻りましょう。もちろんこれも勉強しはじめてからウトウトしちゃったんですよね。ということは，同じ分詞構文を使うんでもこんなふうに書けばよかったのです。

正答 ② **Studying in his room, he fell asleep.**

誤答例のような文では，まさにその順番が逆であるように感じられて，睡眠学習みたいな文になってしまうのです。

> **ポイント**
> 「〜しながら」
> ➡ while を使う
> ➡（分詞構文を使う場合）
> 明らかに時間に"先⇔後"の関係があるときは，その順番通りに書く

例題 次の日本文を英語に訳しなさい。

1. その当時の写真を1枚1枚と見返しながら，もう一度あの人々に会い，あの風景を眺めたいという気持ちがわいてきた。　（大分大）
2. 駅に向かって歩きながら，彼は家に教科書を忘れてきたことに気がついた。

【別冊解答 p.18】

第12回 もっとよい英文を書くために

Lesson 49　もっとよい英文を書くために（1）
英語特有の表現を学ぶ

問題　彼は家まで車で送りましょうかと言ってくれたが，私はその申し出を丁寧に断り，駅までゆっくり歩いていった。

▶▶▶ 誤答例：He said, "Can I take you to your home by car?", but I refused his offer politely and I went to the station on foot slowly.

　さて，長らく英作文の練習をしてきましたが，最後の2回は，タイトルにもあるように，**「よりよい英文を書くため」のいくつかのヒント**をまとめました。

できるだけ動詞で表現する

　上の誤答例を見て，どこか悪い点を見つけられますか？　なんにも悪い点はないように見えますよね。たしかに，明らかに文法的に誤っている点はまったくありません。けれども，きわめて日本人的なぎこちない英文で，もしネイティヴ・スピーカーがこの答案を見たら，おそらく添削の赤ペンで真っ赤になっちゃうくらい手直しすると思います。

　それではどこが日本人的にぎこちないのでしょうか？　君たちにちょっと聞きたいのですが，「彼はちらっと私を見た」ってなんて訳しますか？

生徒：He looked at me…えーと，「ちらっと」かあ…

そう。典型的な日本人の発想をしてもらいました（笑）。「見る」というのは"look at ～"だなあ。じゃあ「ちらっと」はなんて言うんだ？　っていう。

結論から言うと英語に「ちらっと」という表現はありません。どういうことかというと，日本語は副詞的な表現が豊かな言葉なんですね。「ちらっと見る」とか「じっと見る」とか，「見る」という動詞は変えずに，同じ動詞に「ちらっと」とか「じっと」とかいうような修飾語をくっつけて，いろいろなニュアンスを表すわけです。

ところが逆に英語は（本当は英語に限りません。ヨーロッパ語はすべてそうなのですが）動詞が非常に豊かなのです。動詞の数を数えたらおそらく日本語よりはるかに多いでしょう。英語では「見る」というのは"look at ～"なわけですが，「ちらっと見る」というのは"glance at ～"，「じっと見る」は"stare at ～"というそれぞれぜんぜん違う動詞があるのです。

ですから，「彼は私をちらっと見た」というのは，

　　He glanced at me.

というほかはないのです。

例えば単語集で単語を覚えようとするときに，"glance at"「ちらっと見る」とか"stare at"「じっと見る」とか，なんか似たような意味の単語ばっかりいっぱいあるなあ〜ってうんざりした経験はありませんか？「みんな同じようなもんじゃないか，こんなのいちいち覚えなくていいや！」なんてね。

それで，今度は英作文の授業で僕が「こういうときは"glance at"っていうのを使うんだよ」っていうと，そんな単語知らなかったもん！なんて開き直っちゃう（笑）。

たしかに，動詞はそのままで，それに「ちらっと」とか「じっと」とかつけ加えるだけで，いろいろなニュアンスをつけ加えられる日本語は便利で，動詞自体を色々変えなければならない英語は面倒くさい言葉なのかもしれません。けれども，英語はそういう言語なのだからしょうがないですよね。

動詞の表現の豊かさを身につけよう

ですからぜひここで学んでほしいのは，英語では**できるだけ副詞を使わずに動詞で表現する！**ということなんですね。そしてそれができるようになるためには，普段の勉強で「みんな同じじゃないか！」なんて言わずに，細かいニュアンスを含めて，同じような単語を少しでも多く覚えていくことが必要になるわけです。

さて，それではあらためて，冒頭の問題を見てください。

「バスで行く」ってなんて言いますか？ "**go by bus**" ですよね。「歩いて行く」は？ "**go on foot**"。それでは「走っていく」は ???

困っちゃった人いるんじゃない？ 日本語では「行く」に「バスで」とか「歩いて」とか「走って」とかいろいろつけ加えて表現を変化させますが，先ほどと同じように英語ではそうではありません。

「クルマで駅に行く」は "**drive** to the station"，「歩いていく」は "**walk** to the station"，「走っていく」は "**run** to the station"，「急いでいく」は "**hurry** to the station" です。泳いでいく！ なら "**swim** to the station" だし…（笑）。

さっきと同じように動詞を変えるんですね。それで問題の「駅までゆっくり歩いていく」ですが，まず "go to the station on foot slowly" はまずひどい。少なくとも "walk to the station slowly" にはすべきです。

さらには，「ゆっくり歩いていく」と言っても，別に歌舞伎みたいに一歩一歩，ゆっ〜くり踏み出すわけじゃないよね。べつにことさらに急

がず，通り沿いの店とか見ながらっていうくらいの意味ですよね。そういうときには，"stroll"「ぶらぶら歩く」という単語があるんです。ですから，一番いいのは，"stroll to the station"としてしまうのです。**副詞は一切つけない**ということです。

「丁寧に断る」も同じです。「断る」というのは"refuse"とか"decline"とかあるのですが，"refuse"は「きっぱり断る」という意味です。"decline"は逆に「丁寧に断る」という意味です。センター試験の語法問題にも出たことありますよ！

だから，誤答例にあった"refuse his offer politely"というのは矛盾というか，「丁寧に彼の申し出をきっぱり断った」って聞いたら，何!? ってカンジじゃないですか，日本語でも。だから"decline his offer"でいいんです。副詞はいりません。

「〜を見送る」は"see 人 to 場所"です。「ドアまで彼を送る」なら**"see him to the door"**だし，「家まで送る」なら**"see him home"**です（home は副詞だから to はいりません）。ところがこの"see"を"drive"に変えると，「人を車で送る」という意味になるわけです。したがって，「私を家まで車で送る」は**"drive me home"**でいいわけです。

と，以上3つの表現について考えてみましたが，今回は，今の話を「ポイント」というカタチでまとめませんよ。なぜかというと，今やったモノだけを丸暗記しても意味がないからです。同じような例はまだまだいくらでもあります。普段の勉強で君たちが少しずつ身につけていくほかないですからね！

直接話法は控えよう

さて，今回もう1つ，注意してもらいたいことがあります。それは，**直接話法は，使うのを控えよう！** ということです。例えば，「彼はおなかがすいたと言った」という程度の文を，

第12回　もっとよい英文を書くために

He said, "I am hungry."

とやるのは，特にネイティヴの人はすごくいやがります。子供っぽいか，または，大統領みたいな一言すらゆるがせにできない人の発言を引用しているみたいだからです。

He said that he was hungry.

というように，間接話法を使うべきです。今回は"offer 人 to 不定詞"「人に〜しようかと申し出る」という動詞でも使えば，直接話法を使うことなしに表現できますね。

正答 **He offered me to drive me home, but I declined it and strolled to the station.**

例題　次の日本文を英語に訳しなさい。
1. 大事な話があるから訪ねて来ると言っておきながら，彼は来なかった。　　　　　　　　　　　　　　　　　　　　　　　（中央大）
2. 夏休みにイギリスに戻るとき，日本人の友人たちは私を空港に見送りに来ると言ってきかなかった。　　　　　　　　　（慶応大）

【別冊解答 p.19】

Lesson 50 もっとよい英文を書くために (2)
副詞(句)は正しい位置へ

問題 彼は手紙の中で私が彼に送った本をすごく楽しんだと言っていた。

▶▶▶ 誤答例：He said that he enjoyed the book which I had sent him very much in his letter.

副詞(句)の位置の原則と例外

今回も上の誤答例，間違ってはいません。けれども非常に読みにくい文です。**まずいのは副詞の位置**です。

第6回の「副詞の正しい使い方」のところで，副詞の基本は学びました。そのときに，動詞を修飾する副詞は文末に置くのだ，ということをやりましたよね。今回はその応用編です。例えば，

　　He gets up **early**.「彼は早起きする」

を見ればわかります。副詞句も同じです。

　　He eats lunch **in the kitchen**.「彼はキッチンで昼飯を食べる」

"early" も "in the kitchen" も文末に置きます。これは大原則ではありますけど，あくまでも原則です。つまり例外はあるのです。覚えておいてほしいのは，**副詞は自分より前にある動詞を修飾する**のだ，ということです。つまり，「彼女は電車の中で愛してると言った」と言う文をもし英訳するとして，

　　She said that she loved me in the train. （×）

としてしまうと，たしかに原則通りではあるのですが，"in the train"

187

第12回　もっとよい英文を書くために

という副詞句の前に"said"という動詞と"loved"という動詞と2つの動詞があるカタチになってしまいます。

　そうすると，この「電車の中で」という部分は，「言った」を修飾するとも「愛している」を修飾しているとも，とれてしまうのです。「電車の中ではあなたが好き！　…でもホームに一歩下りたあなたはかっこわるいから嫌い！（笑）」ともとれなくはないのです。

　それを防ぐためには，**"in the train"の前にある動詞を"said"だけにしてしまう**ことです。具体的に言えば，"said"の直後，つまり目的語である that 節より前にこれを入れてしまうことです。

　She said **in the train** that she loved me.　（○）

こうしてしまったほうが，はるかに読みやすい文になります。

　もう1つ考えてみましょう。「彼女はパリでとったその写真をすごく気に入った」。

　She liked the picture taken in Paris very much.　（×）

　これも同じですよね。"very much"は"liked"を修飾しているのか，"taken"を修飾しているのかわかりにくい。「すごくパリで撮った写真」ってなんだ⁉ っていうカンジです。したがってこれも移動させましょう。

　She **very much** liked the picture taken in Paris.　（○）

　このような"very much"とか"really"とかいったような程度を強める副詞は，さっきとは違って**修飾する動詞のすぐ前に置いてやる**のがふつうです。

> **ポイント**　副詞 ➡ **修飾する動詞の直後**に置く
> （ただし，very much，really などは動詞の直前）

さて，冒頭の問題を見てみましょう。動詞は全部で，"said" と "enjoyed" と "sent" と 3 つあります。それに対して，副詞(句)は "very much" と "in his letter" と 2 つあります。どの副詞(句)がどの動詞を修飾しているのか，非常にわかりにくくなっているのが，この文がよくない理由なのです。

それでは，先ほどポイントにまとめた約束にしたがって，それぞれの副詞(句)を正しい位置に移動してください。

正答　He said **in his letter** that he **very much** enjoyed the book which I had sent him.

どうですか？ ずっと，読みやすい文になったと思いませんか？

以上のことが理解できたら，しっかり読みやすい位置に副詞(句)を入れることを意識しながら，次の問題に取り組んでみてください。

例題　次の日本文を英語に訳しなさい。

1. 彼は，経験から，自分が本当に考えていることを他人に明かすべきではないと知っていた。

2. 名作の映画化は失敗に終わる場合が少なくないが，それはある意味では文学の勝利と言えぬこともない。**なぜなら文学は想像の世界において，現実には目に見えぬものやカメラには写らぬものをも作りあげるからである。**[太字のみ訳すこと]　　　　　(一橋大)

【別冊解答 p.19】

PART 2

これを英語でどう言うの？

たったこれだけで十分の
英作文で間違いやすい
単語・語法の知識
63選

PART 2 項目一覧

1	許す ………… 193	33	似合う ………… 217
2	最近 ………… 193	34	近く(の) ………… 218
3	乗る ………… 194	35	勝つ ………… 218
4	使う ………… 194	36	貸す・借りる ……… 219
5	休む ………… 195	37	調べる ………… 220
6	真夜中 ………… 196	38	似ている ………… 220
7	忘れる ………… 196	39	疑う ………… 221
8	辞める ………… 197	40	はやく ………… 222
9	仕事 ………… 198	41	見る・見える ……… 222
10	休み ………… 199	42	聞く・聞こえる …… 223
11	守る ………… 199	43	予約 ………… 224
12	習慣 ………… 200	44	(日)かげ ………… 224
13	目覚める ……… 201	45	知っている ……… 225
14	遊ぶ ………… 202	46	値段・代金 ……… 226
15	趣味 ………… 203	47	気にする ………… 226
16	壊れている …… 204	48	客 ………… 227
17	壊す ………… 205	49	酔う ………… 228
18	自慢する ……… 206	50	普通の ………… 228
19	教える ………… 206	51	期待する ………… 229
20	動く・動かす ……… 207	52	会社 ………… 230
21	道 ………… 208	53	最後に ………… 230
22	飲む ………… 209	54	起こる ………… 231
23	恥ずかしい …… 210	55	消す ………… 232
24	かく ………… 211	56	なおす ………… 233
25	広い ………… 212	57	裸の ………… 234
26	けんかする …… 212	58	わかる ………… 235
27	約 ………… 213	59	危うく〜 ………… 236
28	近所 ………… 214	60	面白い ………… 236
29	初め(て) ……… 214	61	発達(する) ……… 237
30	方法 ………… 215	62	出会う ………… 238
31	(〜に)行く …… 216	63	困らせる ………… 240
32	出る ………… 217		

PART 2　これを英語でどう言うの？

1 許す

　excuse や forgive は「遅刻したのを許す」というように，**もうすでにやってしまった**悪事を勘弁してやる，という意味。それに対して permit や allow は「1 人で外出するのを許す」というように，**これから何かをする**のを許可する，という意味。

> **勘弁する**… excuse[forgive] 人 for …ing
> **許可する**… permit[allow] 人 to do

- He didn't **forgive** me **for being** late.
  彼はわたしが遅刻したことを許してくれなかった。

- His father didn't **allow** him **to go** out alone.
  彼の父は彼が1人で外出するのを許さなかった。

2 最近

　these days や nowadays は「最近，からだがだるい」というときのように**今日を含めたここ短期間の間**，という意味。**現在形か現在完了形と使う**。それに対して「最近，彼女にあったよ」というときの「最近」は数日前にという意味で英語では lately か recently。**過去形とだけ使うのが安全**。なお，lately は否定文，疑問文とだけ使う。

> **ここ短期間の間**… these days / nowadays
> **少し前**… lately / recently

- **These days** a lot of young women smoke.
  最近たばこを吸う若い女性が多い。

- **Recently** I heard from him.
  最近彼から便りをもらった。

193

3 乗る

　get on は「電車に乗るとき，足下に注意しなさい」の「乗る」で，**ホームから電車に乗り込む**，という意味。「東京から横浜まで電車に乗る」は**電車を利用する**，という意味で use や take を使って表す。

> **乗り込む**… get on 〜 / get into 〜
> **利用する**… take / use

- When I was **getting on** the train, someone bumped into me.
  わたしが電車に乗ろうとしたとき誰かがわたしにぶつかった。

- It is convenient to **take** the train to go to Yokohama.
  横浜に行きたいなら電車に乗るのが便利だ。

4 使う

　use は「パソコンを使って，論文を書く」というときの「使う」で，**有効に活用する**という意味。「競馬に金を使いすぎ」というときに「使う」は**浪費する**という意味で spend か waste。

> **有益に活用する**… use
> **浪費する**… spend[waste] 〜 on 物
> 　　　　　　spend[waste] 時間 (in) 〜ing

- **Use** your dictionary whenever you read English.
  英語を読むときにはいつも辞書を使いなさい。

- He **spends** too much money **on** horse races.
  彼は競馬にお金を使いすぎる。

5 休む

「疲れたからちょっと休もう」の「休む」は**休息する**という意味で **take a rest** で表す。「あいつ今日，休みだ」の「休む」は，**今日いない**という意味で **be absent**。「今日学校休みたい」の「休む」は，学校に**急に行かないことにする**という意味で **don't go to** か **stay away from**。「1週間会社を休んで，ヨーロッパ旅行をする」の「休む」は，計画的に**休暇を取る**，という意味で "**take 日数 off**"。

> **休息する**… take a rest
> **いない（不在）**… be absent
> **急遽行かない**… don't go to ～ / stay away from ～
> **休暇を取る**… take a day off
> 　　　　　　（a day のところに日数を入れる）

- After working hard we **took a rest** for a while.
  忙しく働いたあとで，我々はしばらく休んだ。

- He **is absent** today; he seems to be ill.
  彼は今日欠席だ。彼は病気らしい。

- Today I feel ill and I **don't want to go** to school.
  今日は気分が悪いので学校を休みたい。

- He **took a week off** and went to Europe.
  彼は一週間休みを取ってヨーロッパに行った。

6 真夜中

「彼は真夜中に帰ってきた」というときの「真夜中」は必ずしも，午前0時を意味しない。「夜遅く」の意味の真夜中は，at midnight ではだめ。**at midnight はちょうど0時を意味する**。「夜遅く」は **late at night** か **in the middle of the night**。

> **午前0時**… at midnight
> **夜遅く**… late at night / in the middle of the night

- I heard someone in the street cry **in the middle of the night**.
  真夜中，誰かが通りで叫ぶのを耳にした。

- We set off just **at midnight**.
  我々はちょうど0時に出発した。

7 忘れる

「思い出や約束を忘却，失念する」という意味での「忘れる」は forget。それに対して，「物を置いてきてしまう」という意味の「忘れる」は leave または leave…behind。（ただし，家に置いてきてしまうというときには，forget も使える。）

> **忘却・失念する**… forget
> **物を置いてきてしまう**… leave / leave… behind

- He got angry because I **forgot** the appointment.
  彼は，わたしが約束を忘れたので怒った。

- I **left** my umbrella **(behind)** in the train.
わたしは電車に傘を忘れた。

＊ leave…behind はセンター試験（H12）にも出題された。

8 辞める

「定年で引退する」のが retire from …。中途退職するのは quit か leave。ただし，leave はもともと「立ち去る」という意味だから，**目的語は「会社」**。quit はもともと stop などと同じで，「中止する」という意味だから，**目的語にくるのは「仕事」**。

> **引退する**… retire from one's job
> **中途退職する**… leave one's company / quit one's job

- He **retired from his company** at the age of 60.
彼は60歳で会社から引退した。

- Suddenly **he left his company** and set off for India.
突然彼は会社を辞めインドへと旅だった。

- A lot of young women **quit their job** when they get married.
多くの若い女性が結婚すると仕事を辞める。

＊センター試験にも出題歴あり（→ p. 7「講義を始めるにあたって」参照）。

9 仕事

job は雇われて給料をもらってする職業。business は自分が社長になって経営する職業。work は「この報告書を書き上げる」とか「取引先と交渉する」とかいうような1つひとつの業務。

> 賃金をもらう職… job
> 経営する職… business
> 業務… work

- He had trouble finding **a job**.
  彼は仕事を見つけるのに苦労した。

- How much money is needed to start **a business**?
  仕事を始めるのにいくらくらいお金が必要になるんだろう。

- I have to go to the dentist after finishing **today's work**.
  今日の仕事が終わったら歯医者にいかなきゃ。

* work が「業務」という意味では，**不可算名詞**であることに注意。可算名詞になると「作品」の意味だ。

PART 2　これを英語でどう言うの？

10 休み

　holiday は「休日」である。例えば 10 月 10 日は a national holiday「国民の休日」である。つまり、**1 日の休み**を指す。それに対して、**vacation** は「**休暇**」。つまり、holidays = vacation と考えればいい。

> 休日… holiday
> 休暇… vacation

- I'm seeing him on **my next holiday**.
  私は次の休日に彼に会うつもりだ。

- He went to Italy on **summer vacation**.
  彼は夏の休暇にイタリアに行った。

＊「休暇に」というときには前置詞 **on** を使うこともあわせて覚えておこう。

11 守る

　「**母国や自然を防衛する**」という意味の「守る」は、**protect** や **defend**。「法律を遵守する」という意味の「守る」は **observe** や **follow**。

> 防衛する… protect / defend
> 遵守する… observe / follow

- You are supposed to **protect** your own country from the enemy.
  外国から自分の国を守る必要がある。

- You are supposed to **observe** the law.
  法を守る必要がある。

＊「法を破る」は break または ignore the law

12 習慣

「個人的な癖」という意味での習慣，例えば「爪をかむ癖」は **habit**。それに対し，民族や大勢の人間に共通する行動，例えば日本人のお辞儀は，**custom**。

> 個人の癖… habit
> 民族の慣例… custom

- He has got into **the habit** of smoking.
  彼はたばこを吸う習慣をつけてしまった。

- Bowing is **a custom** of Japanese people.
  お辞儀は日本人の習慣だ。

　　be in the habit of …ing「～する習慣がある」
　　get into the habit of …ing または form a habit of …ing
　　　「～する習慣を身につける」
　　break the habit of …ing「～する習慣をやめる」
という形で覚えておくと便利。

PART 2　これを英語でどう言うの？

13 目覚める

「**自然に目覚める**」のが **wake up** や **wake** や **awake**。「**意図的に**（例えば目覚まし時計を鳴らして）目覚めて，（また二度寝したりせずに）そこから起きあがって，1日の行動を開始する」のが **get up**。

> **目覚める**… wake / wake up / awake
> **起きあがる**… get up

- I **woke** in the middle of the night because the telephone rang.
  私は突然の電話で真夜中に目を覚ました。

- I have to **get up** at six tomorrow morning so as not to be late for school.
  私は学校に遅れないように明日朝6時に起きなければならない。

＊ wake は wake-woke-woken，awake も awake-awoke-awoken と不規則変化。

14 遊ぶ

play を使うのはあくまで**子供の遊び**（例えば泥遊びなど）か，または大人の場合は，勝敗が決まるようなチェスのような**勝負事**のみ。「若者が夜，遊びに出かける」とか「悪い友達と遊んでいる」などというように**「つきあう」**という意味の「遊ぶ」は **go around (with 人)**。「遊んでばかりいないで勉強しなさい」などというように**「怠ける」**という意味では，**spend[waste] one's time**。「おじさんのうちに遊びに行く」という**「訪問する」**という意味では **come to see/go to see/visit**。

> **子供の遊び・勝負事**… play
> **つきあう**… go around (with 人)
> **怠ける**… spend[waste] one's time
> **訪問する**… go to see / come to see / visit

- Children should **play** a lot.
  子供はたくさん遊ばなければいけない。

- His father scolded him for always **going around with** his friends at night.
  彼の父は彼がいつも夜友達と遊び歩いているので彼のことを叱った。

- He regretted having **wasted his time** during the last summer vacation.
  彼は去年の夏休み遊び歩いていたのを悔やんだ。

- I **went to see** my uncle last Sunday.
  私はこの前の日曜日叔父のうちに遊びに行った。

* play を使いすぎないように。

15 趣 味

　hobbyは**能動的**であり，かつ，「お宝鑑定」に出演できるくらい**本格的なもの**にのみ使う。したがって単に読書や音楽を聴くことをhobbyというのは非常におかしい。こうしたものは名詞でいうならinterest「興味」だが，動詞句の形でbe interested in …やlike to do「～することに**興味を持っている**」，「～するのが**好き**」とすべき。さらにこうした「道楽」に対して，「趣味がいい」とか「悪趣味」というときの**「好み」**という意味の「趣味」はtaste。

> 道楽 … (hobby) / interest / be interested in / like to do
> 好み… taste

- I **like to read** books./I **am interested in** reading books.
  私の趣味は読書です。

- She has **good taste** in music.
  彼女は音楽の趣味がいい。

＊ hobbyの使いすぎが日本人の癖だ。

16 壊れている

　be out of order は，エレベーターや自動券売機など，**公共の大型機械の故障**にのみ使う。イメージとしては，「故障中」と札を下げるような機械にだけ使うと思えばよい。個人の時計とかパソコンは，**something is wrong with ～**「～に関して何かがおかしい」を使う。または，**don't work**「働かない」を使ってもよい（「20 動く」の項参照 p.207）。

> **公共の大型機械**… be out of order
> **個人の機械**… something is wrong with ～
> 　　　　　　　don't work

- This elevator **is** now **out of order**.
  このエレベーターは今故障中だ。

- **Something is wrong with** my PC.
  ボクのパソコンは故障中だ。

＊これらは，「壊れている」という**状態**を表す。「壊れる」という**動作**は，英語にはなかなかうまい表現がない。だから，例えば「昨日パソコンが壊れた」と言いたいときには，Something has been wrong with my PC since yesterday.「昨日からパソコンが壊れている」と**現在完了形**で表すのがよい。

17 壊す

　breakは「粉々に割る」こと。見た目は変質しないが「正常な動作をしないようにしてしまう」のは damage。自然災害が街や建物を「破壊する」のは destroy，土建屋が「計画的に建物を破壊する」のは pull…down か tear…down。以上のように物理的に破壊するのに対し，新しく建ったビルが景観を「台無しにする」というのは spoil か ruin。「体調を壊す」のも ruin one's health。

> **小さい物を粉々にする**… break
> **機能不全にする**… damage
> **突然建物などを倒壊させる**… destroy
> **建物を計画的に撤去する** … pull … down / tear …down
> **台無しにする**… spoil/ruin

- He **broke** his favorite vase.
  彼はお気に入りの花瓶を壊した。

- He dropped his watch on the floor and **damaged** it.
  彼は床に時計を落として壊してしまった。

- The typhoon **destroyed** the entire city.
  その台風が町中を壊した。

- I was sad to see our old school building **pulled down**.
  自分たちの古い校舎が壊されているのを見て悲しかった。

- The new building **spoiled** the beauty of the scenery.
  新しく建てられたビルが風景の美しさを壊した。

＊ tear…down の tear は「涙」という単語と同じ綴りだが別の単語。発音問題でも頻出。[tɛər] と発音する。spoil がよく使われるのは，spoil a child という形。この場合は，「甘やかしてダメな大人にしてしまう」ことを指す。

18 自慢する

「正当なことに対して**心の中で**誇りに思う」のが **be proud of/be proud that 節**。「**口に出して**自慢気にいばる」のが **boast of/boast that 節**。

> 誇りに思う… be proud of / that 節
> 偉そうに言う… boast of / that 節

- They **are proud of** the long history of their city.
  彼らは自分たちの町の長い歴史を誇りに思っている。

- He always **boasts that** nobody can beat him in tennis.
  彼はいつもテニスでは誰にも負けないと自慢している。

* boast は動詞。proud は形容詞だから be を忘れずに。

19 教える

道順を教えるとか電話番号を教えるとか，「**一言で終わるような情報**を単純に伝達する」のは **tell**。show が使えることもあるが，**show** は実際に地図を描いてやって道順を教えたり，実際にコンピューターの動かし方をやってみせてやるとか，「具体的に**ヴィジュアルに伝達**する」こと。それに対して学問とか運転のやり方とか，**時間のかかるような技術**を教えるのが **teach**。

> 情報を言葉で短く伝達… tell
> 情報をヴィジュアルに伝達… show
> 手間のかかることを教え込む… teach

- Would you **tell me** your telephone number?
  あなたの電話番号を教えてくれませんか？

- He **showed** me the way to the station by drawing a map.
  彼は地図を描いて，わたしに駅までの道を示した。

- He **taught** me how to drive.
  彼は私に運転の仕方を教えてくれた。

20 動く・動かす

　場所を移動するのは move。自動詞で「動く」のにも，他動詞で「動かす」のにも使える。それに対して，「機械が動く」というように「作動する」という意味の自動詞は work．「機械を動かす」というように「操作する」という他動詞は，operate またはもっと単純に use を使えばいい。

> **移動する・移動させる**… move
> **作動する**… work
> **操作する**… use / operate

- **Move** the chair there.
  イスをあそこに動かしなさい。

- This machine **doesn't work**.
  この機械は動かない。

- I **can't operate**[use] this machine.
  私はこの機械を動かせない。

＊「4 使う」の項と「16 壊れている」の項を参照のこと（→ p.194, 204）。

21 道

　way は「道順」だ。例えば，ここから駅に行くのに一本道でいけるとは限らない。まず，国道 240 号線を行って，3 つ目の信号で左折して，県道 25 号線に入り，というふうに何本かの道をたどって，駅に行く。その**道筋が way** である。だから「駅への道筋」は the way to the station になるわけだ。

　もちろん，ここから駅へまっすぐ通じる駅前大通りのようなものがあるのなら，the road to the station でいいのだが。road と street はどちらも「道筋」ではなく，**「一本の道」**だ。あえて区別をつけるなら，road は「国道のような**幹線道路**のクルマがびゅんびゅん通っている場所」のイメージだ。逆に street は「歩道や商店街も含めた**細い道**，または街路」だ。street musician というのはいるが，road musician っていうのはあんまりいない。あっという間に車にひかれちゃうか，ひかれなくても，クルマしか通っていない騒音と排気ガスしかないところで歌ったって意味ないものね。

道筋… way
車道… road
クルマも人も通り買い物したりもできる場所… street

- Can you tell me **the way** to the station?
  駅への道順を教えてくれませんか？

- This **road** leads to Yokohama City.
  この大通りは横浜市へ通じている。

- I met him on the **street** and we chatted for a while.
  彼と道で会ってしばらくおしゃべりをした。

22 飲む

drink は「口をコップにつけて飲む」ときだけ。スープは eat するし，薬は take する。

> コップに口をつけて飲む… drink
> スープを飲む… eat
> 薬を飲む… take

- He **drank** a cup of tea.
  彼は一杯の紅茶を飲んだ。

- After **eating** the soup, he went on to the main dish.
  スープを飲んだ後，彼はメインディッシュへと進んだ。

- Don't forget to **take** your medicine after supper.
  夕食の後，薬を飲むの忘れないでよ。

23 恥ずかしい

　be ashamed of[that 節] は，嘘をついたとか，盗みをしたとか，**倫理的に自分を責める気持ち**。人前で話をしたり，彼女に告白したりして恥ずかしいのは「照れる」で，**be shy** を使う。また，人前でおならをしたり，突然見知らぬ外国人に話しかけられて「どうしよう！」と途方に暮れるのは，**be embarrassed**。

> **倫理的に恥じる**… be ashamed of[that 節]
> **照れる**… be shy
> **途方に暮れる**… be embarrassed

- He **is ashamed that** his son stole the money.
  彼は息子がお金を盗んだのを恥じている。

- He **is** too **shy** to talk in front of a large audience.
  彼は恥ずかしくてたくさんの聴衆の前では話ができない。

- She **was embarrassed** when she was laughed at by her classmates.
  クラスメイトに笑われて彼女は恥ずかしかった。

24 かく

文字を書くのが write。鉛筆で地図などを単色で描くのが draw。色もつけて描くのが paint。大学の願書やレンタルビデオの入会申込書のように名前や住所を書く欄がすでにもう決まっている書式を埋めていくのは fill out。

> **文字を書く**… write
> **書式を埋める**… fill out
> **単色で描く**… draw
> **色をつけて描く**… paint

- Who was it that **wrote** this book?
  この本を書いたのは誰ですか。

- You are requested to **fill out** this form to join this club.
  このクラブに入部するならこの申込用紙に記入してください。

- Could you **draw** me a map so that I won't get lost?
  迷わないように地図を描いてくれませんか。

- He likes to **paint** pictures.
  彼は絵を描くのが好きだ。

25 広い

幅が広いのが **wide** か **broad**。面積が大きいのが **large**。

> 幅広い… wide / broad
> 面積が大きい… large

- There is a **wide** river near his house.
  家の近くに広い川がある。

- His house is very **large**.
  彼の家は非常に広い。

26 けんかする

fight はあくまでも殴り合いをする，または戦争など殺し合いをするときのみ使う。口げんかは **quarrel** か **argue**。

> 殴り合いのけんか… fight
> 口げんか… quarrel / argue

- They **are fighting** for their country.
  彼らは自分の国のために戦っている。

- He always **quarrels** with his wife.
  彼はいつも奥さんとけんかしている。

27 約

nearly[almost] one hundred といえば，「100近く」，つまり **nearly** や **almost** はその数に わずかに満たない ことを意味する。逆に barely one hundred は「かろうじて100」，つまり **barely** はその数にようやく届くか わずかに超す ことを意味する。about one hundred は単純に「約100」で100以上も100以下も指す。

> 〜近く… nearly / almost
> 〜あまり… barely
> 約〜… about

- The population of that city is **nearly one million**.
  その市の人口は100万近い。

- He earns **barely 100,000 yen** a month.
  彼は月にかろうじて10万円ほど稼ぐ。

- **About 100 people** gathered for the party.
  約100人の人がパーティーに集った。

28 近所

neighbor は「近所の人」，つまり人間を表す。neighborhood は「近隣の地域」，町内ということ。neighboring は形容詞で「近所の」。

> 隣人… neighbor
> 近隣地区… neighborhood
> 近所の… neighboring

- A good **neighbor** is better than a brother far off.
  （諺）よい隣人は遠くの兄弟に勝る。
- Children in this **neighborhood** study at this school.
  この地域の子供たちはこの学校で学んでいる。
- Many people from **neighboring** countries live here.
  近隣諸国からきた多くの人々がここに住んでいる。

29 初め（て）

「高校に入って初めなじめなかった」という「最初の頃は」という意味の「初め」は at first。「高校で初めて彼女に出会った」という「第一回目に」という意味の「初めて」は first か for the first time。ただし，first は動詞の前に置き，for the first time は文末に置く。

> 最初のうち… at first
> 第一回目… first（動詞の直前）
> 　　　　　 for the first time（文末）

- I didn't like him **at first**.
  最初のうちは彼のことが好きではなかった。

- I **first** met him at high school.
  ＝ I met him at high school **for the first time**.
  高校で彼と最初に出会った。

30 方法

方法は way でいいのだが，その後が問題。「英語をマスターする方法」というようになにか難しい問題を克服するための手段を言いたいときには必ず the way to master English というように to 不定詞で修飾する。逆に，「挨拶をする方法」というように日常的にやっていることは of 〜ing で修飾する。

> 究極の目的を達成するための方法… the way to do
> 日常的にやっている仕方… the way of 〜ing

- Studying abroad is **the best way to master** a foreign language.
  留学するのは外国語をマスターする最善の方法だ。

- Bowing is a **Japanese way of greeting**.
  お辞儀は日本式のあいさつの仕方だ。

31 （〜に）行く

　動詞は **go** でよいが，その後の前置詞が問題。「米国に行く」というように**目的地**を次にもってくる時は，当然，**go to** 場所。しかし，「泳ぎに行く」というように出かける**目的**が次にくる時には，**go for** a drink「一杯飲みに行く」というように **for** を使うか，または動詞ならば **go swimming** というように **go 〜ing** というカタチを使う。

　ただし，このカタチを使うときには，その後の前置詞にも注意。「海に泳ぎに行く」というとき，日本語の「〜に」につられて，"go swimming **to** the sea" としてはいけない。これだと「海まで泳いで行く」ようだから。「海で水泳をする」と考えて，go swimming **in** the sea とすること。さらに，「ドライブに行く」というように，その**旅行の種類**がくるときには **go on** a drive というように **on** を使う。

場所… go to 場所
目的… go for 名詞 in[on / at] 場所
　　　または go 〜ing in[on / at] 場所
旅行の種類… go on 種類

- Some day we will be able to **go to the moon**.
  そのうち，人類は月に行けるようになるだろう。

- Let's **go shopping at** the supermarket.
  スーパーに買い物に行きましょう。

- He **went on a business trip** to the U. S.
  彼は米国に商用で旅行に出かけた。

PART 2 これを英語でどう言うの？

32 出る

come out は非常に便利な動詞で，「本が出る」「つぼみが出る」など日本語の「出る」と同じように使える。他方，「電話に出る」とか「呼び鈴に出る」というように誰か他人の呼びかけに応答するというのはすべて answer を使えばよい。

> 世の中に出現する… come out
> 応答する… answer

- His new book will **come out** at the end of March.
  3月の終わりに彼の新しい本が出る。

- Who was it that **answered the bell**?
  誰が呼び鈴に出ましたか？

33 似合う

ネクタイがシャツに合うというように，物が物に似合うのは，match か go with 〜。人に似合うときには suit か，またはもっと口語的でいいのは，逆に人を主語にして，You look nice in that jacket. 「そのジャケットを着ているとかっこいいよ」という言い方。

> 物に似合う… match / go with 〜
> 人に似合う… suit / 人 looks nice in 〜

- I'm looking for a tie which will **match** this jacket.
  このジャケットに似合うネクタイを捜しています。

- You **look nice in** that jacket./That jacket **suits** you.
  君はそのジャケットが似合うよ。

34 近く(の)

near は**前置詞で使う**か，または「距離の短い」という意味で**形容詞で使う**。つまり，the hospital near my house「うちの近くの病院」としても，the near way「近道」としても正しいが，決して**「近所の」**という意味で，the near park「近くの公園」という使い方をしてはいけない。こういうときには **nearby** を使う。

> 前置詞として… near
> 形容詞として「近距離の」… near
> 形容詞として「近所の」… nearby

- I used to play in the park **near my house** when a child.
  私は子供の頃，家の近くの公園で遊んだものだ。

- Which is **the nearest way** to the station?
  駅へ一番近い道はどれですか。

- I used to play in **the nearby park** when a child.
  私は子供の頃，近所の公園で遊んだものだ。

35 勝つ

win は目的語に試合とかゲームとか**「物」**だけがくる。**「人に勝つ」**のは **beat**。

> 物に勝つ… win ＋物
> 人に勝つ… beat ＋人

PART 2　これを英語でどう言うの？

- He **won** the match.
  彼はその試合に勝った。

- He **beat** the champion.
  彼はチャンピオンに勝った。

* beat は beat-beat-beaten と不規則変化。「負けた」と言うときにも I lost the game. とするか，I was beaten by him. とするかどちらかだ。

36 貸す・借りる

lend は友人同士などで**貸す側の利益なし**で貸すこと。借りるのは **borrow**。**rent** は「貸す」の意味でも「借りる」の意味でも使える。しかし，アパートやレンタカーなど，貸す側が**商売でやっている**ときのみ。また「トイレや電話を借りる」など，**その場で使用する**のは **use**。

個人的に貸す… lend ＋人＋物
個人的に借りる… borrow ＋物＋ from ＋人
金をもらって貸す… rent ＋人＋物
金を払って借りる… rent ＋物 from 人
その場で使う… use

- Could you **lend me that book**?
  その本を貸してもらえる？

- I **borrowed that book from him**.
  私はその本を彼から借りた。

- I **rent the apartment from Mr. Tanaka**.
  私は田中さんからアパートを賃貸している。

- Can I **use** the telephone?
  電話をお借りしていいですか？

37 調べる

　事件や問題を調査するという意味の「調べる」は **examine**。辞書で単語を拾い出したり，電話帳で人の電話番号を拾い出したりという意味では **look ～ up**。辞書を調べるのは **use**。

> 調査する… examine
> 見つけだす… look ～ up
> 使う… use

- We have to **examine** the problem more closely.
  我々はもっと綿密にその問題を調べないといけない。

- **Look** the word **up** in your dictionary.
  その単語を辞書で調べてみなさい。

- **Use** your dictionary when you find a word you don't know.
  知らない単語を見つけたときには辞書を調べなさい。

38 似ている

　look like は「〜のように見える」という意味だから，容貌が似ているときだけ。性格について言うことはできない。take after ～は受験英語的に有名な熟語だが，あくまでももともと誰かの後を（after），引き継ぐ（take）という意味からできた熟語だから，親子など肉親関係でしかつかえない。他人に関して，一番使い勝手がいいのが，be alike「似ている」という形容詞。これに in appearance「容貌の点で」とか in character「性格の点で」とかつけて使えばいい。

> **子供が親に似ている**… take after
> **他人で似ている**… be alike in appearance[in character]

- He **takes after** his father.
  彼はお父さん似だ。

- Tom and Mike **are alike in appearance[in character]**.
  トムとマイクは容貌の点で［性格の点で］似ている。

39 疑う

doubt は「～であることを疑う」，つまり「～でないと思う」ということ。逆にサスペンス・ドラマというのがあるが，あれは「あいつが犯人じゃないか」と疑うドラマで，同じ語源の suspect は「～ではないかと疑う」，つまり「～だと思う」ということ。doubt と suspect のどちらも「疑う」と訳せるが，意味は正反対だというのは要注意。

> **～であることを疑う**… doubt
> **～でないかと疑う**… suspect

- I **doubt** that he will help me.
  彼が助けてくれることを疑う。(助けてくれないだろう)

- I **suspect** that he loves her.
  彼は彼女が好きなんじゃないかと疑う。(好きなんだろう)

40 はやく

「速く」に相当するのが **fast** と **quickly**。この両者の差はそれほど気にしなくて良いが，あえていえば「速度が速い」fast に対して，「ぐずぐずしないで」の quickly。他方，「早く」に相当するのが，**early** と **soon** の2つ。この2つは注意が必要。early は絶対的に早い，例えば，「早朝」というようなこと。soon は相対的に早い，つまり，「ある時点から短時間で」という意味。

> 速く … fast（速度），quickly（ぐずぐずしないで）
> 早く … early（絶対的），soon（相対的）

- I finished my chores **quickly** before going to bed.
  寝る前に私は用事を手ばやくすませた。

- He always gets up **early**.
  彼はいつも早く起きる。

- Sorry for not having written to you **sooner**.
  もっと早く手紙を書かずすみません。

41 見る・見える

see は「見る」ではなく，意識せずに「見える」こと。状態を表す動詞だから進行形にはしない。look at ～は一点を意識的に見つめること。watch は動きのあるものを見守ること。

> 見える … see（進行形不可）
> 見つめる … look at
> 見守る … watch

- The house you **see** over there is ours.
  あそこに見える家がうちです。

- What are you **looking at**?
  君は何を見ているの？

- I was **watching** people passing by while waiting for him.
  彼を待ちながら人々が行き交うのを見守っていた。

42 聞く・聞こえる

hear は無意識のうちに「聞こえる」ということ。状態を表す動詞だから進行形や命令形にはしない。または that 節をとると，うわさで聞くということ（Part 1, p.34 参照）。listen to ～は注意して「～に耳を傾ける」ということ。

> 聞こえる… hear ＋ O ＋ C
> うわさで聞く… hear that ～
> 耳を傾ける… listen to

- I **heard someone crying**.
  誰かが叫んでいるのが聞こえた。

- I **heard that** he got married.
  彼が結婚したと聞いた。

- **Listen to** what I am saying.
  私が言っていることに耳を傾けなさい。

43 予約

電車やレストランなど席を取る予約は，**reservation** か **booking**。歯医者や美容院など，専門家をその時間独り占めする予約は **appointment**。

> **席取り**… make a hotel[train, flight, dinner など]
> reservation for 時刻
> book 物 for 時刻
> **会ってもらう**… make an appointment with 人 at 時刻

- I've **made a dinner reservation for** this evening.
  今日の夕食にテーブルを1つ予約しました。

- Can I **make an appointment with** Dr. Omiya **at** five?
  今日の5時に大宮先生に診ていただけますか？

44 (日)かげ

物の影が **shadow**。通常，"the shadow of ～"「～の影」というようにして使う。他方，日かげは **shade**。こちらは，なんの影と特定せず，「日なた」に対応して，"in the shade"「日かげで」というカタチで使う。

> **物の影**… the shadow of ～
> **日かげで**… in the shade

- I saw **the shadow of** that tall tree on the ground.
  私はその高い木の影が地面に落ちているのを見た。

- Take a rest **in the shade**.
  日かげで休んでいなさい。

＊センター試験出題歴あり。

45 知っている

"know ＋目的語" というのは，**オール・オア・ナッシングな表現**で，「ぜんぜん知らない」かまたは「すごくよく知っている」という意味でしか使えない。**「ちょっと知っている」とか「あまり知らない」**というときには，"**know something about 目的語**" とか "**know little about 目的語**" を使う。

> **よく知っている**… know 目的語 (very well)
> **ちょっと知っている**… know something about 目的語
> **あまり知らない**… know little about 目的語
> **ぜんぜん知らない**… don't know 目的語

- I **don't know him** at all.
  彼のことはぜんぜん知らない。

- I was surprised to find how little I **know about** Japan.
  私は自分がいかに日本を知らないかに気づき驚いた。

46 値段・代金

price は**物の値段**にしか使えない。ホテルの部屋代，床屋代など，物に反映されないようないわば**サービス料**は **charge**。**運賃**は **fare**。

> **物代**… price
> **サービス料**… charge
> **電車バス代**… fare

- What is the **price of** this book?
  この本の価格はいくらですか？

- The telephone **charge** amounted to 1000 yen.
  電話代が千円に達した。

- Bus **fares** vary depending on the distance.
  バス料金は距離に応じていろいろだ。

＊語法問題として，センター試験・私大入試ともに頻出。

47 気にする

「彼は着るものを気にしない」というときには無関心である，という意味だ。こういう**「関心を持つ」**という意味での「気にする」は care about ～。他方，「子供の素行を気にする」という**「心配する」**という意味での「気にする」は worry about ～か be anxious about ～。

> **関心を持つ**… care about
> **心配する**… worry about / be anxious about

- He doesn't **care about** what he wears.
  彼は着るものに無頓着だ（良くても悪くても関係ない）。

- He **worries about** his health.
  彼は自分の健康を心配している（悪くなるのが心配）。

48 客

　guestは個人宅への客か，ホテルの泊まり客。商店などへの物を買いに来る客はcustomer。それに対して，弁護士などにつくサービスを買いに来る客はclient。さらに電車の乗客はpassenger。コンサートなどに来る客はaudience。

> 個人宅・ホテル… guest
> 物を買う人… customer
> 専門的サービス… client
> 乗客… passenger
> 観客… audience

- We are expecting **a guest** this evening.
  今晩お客がうちに来ます。

- The shop was crowded with **the customers**.
  その店は客で混んでいた。

- The lawyer has a lot of **clients** and is always very busy.
  その弁護士はたくさんの顧客をかかえていていつも忙しい。

＊語法問題としてセンター試験・私大入試ともに頻出。

49 酔う

酒に酔うのは get drunk。乗り物に酔うのは，船酔いなら get seasick，車酔いなら get carsick。

> **酒に酔う**… get drunk
> **船(車)酔い**… get seasick (carsick)

- He **got drunk** and fell asleep.
  彼は酔っぱらって寝てしまった。

- She **gets carsick** easily.
  彼女は車酔いしやすい。

50 普通の

「とくに優れたところも劣ったところもない」という意味での「普通」は average か ordinary。「異常ではない」・「正常」という意味での「普通」は normal。

> **良くも悪くもない**… average / ordinary
> **異常でない**… normal

- He is just an **ordinary**[**average**] office worker.
  彼は単なる普通のサラリーマンだ。

- His behavior is not **normal** at all.
  彼の振る舞いは決して普通ではない。

51 期待する

expect は「期待する」というより**「絶対に起こるはずのこと（良いことでも悪いことでも）を予期する」**。hope は文字通り**「（良いこと）を期待する」**。いずれも that 節か，目的語＋to 不定詞をとる。

> **当然として予期する**… expect that S ＋ V
> 　　　　　　　　　　　expect ＋人＋ to 不定詞
> **期待する**… hope that S ＋ V
> 　　　　　　　hope for ＋人＋ to 不定詞

- He was angry because he **expected me to arrive** at 5.
  彼は私が 5 時に来ると思っていたから怒っていた。

- I **hope for him to come** to see me tomorrow.
  彼が明日会いに来てくれることを期待しています。

52 会社

　companyというのは，あくまでも社長を頂点とする<u>会社組織</u>の意味。個々のサラリーマンが<u>普段働いている場</u>はofficeだ。したがって，「会社に行く」というのをしばしば"go to the company"としてしまう人がいるが，毎日の通勤の意味で使うのはヘンだ。学生が就職試験に行くとか，サラリーマンが社長に直訴に行く場合ならよいが。

> **社長・本店を頂点とする組織**… company
> **毎日働いている部や課**… office

- He is working for a leading **company** of Japan.
  彼は日本のある大会社で働いている。

- My father hasn't come back from **his office**.
  うちの父はまだ会社から戻っていません。

53 最後に

　<u>at last</u>は，例えば捜し物をしていて，<u>「とうとう」見つけた</u>というときに使う。それに対して<u>after all</u>は，捜し物をしていたが，<u>「結局」見つからなかった</u>という意味で使う。

> **とうとう〜した**… at last
> **結局〜しなかった**… after all

- He was looking for his watch, and **at last** he found it.
  彼は時計を捜していてとうとう見つけた。

- He was looking for his watch, but he couldn't find it **after all**.
  彼は時計を捜していて，結局見つからなかった。

54 起こる

「起こる」という動詞は事故・火事・地震・戦争と様々なものを主語にして使われる。「起こる」というと **happen** が最初に頭に浮かぶかも知れないが、この中で happen を使えるのは、**「事故」**が主語の時ぐらいだ。火事や戦争や革命のような**人災**は **break out**「勃発する」が使われる。また地震や台風などの**天災**は **hit ＋場所**「場所を襲う」が普通。また**「there is 構文」**はこれらの**いずれにも使える**から便利。

	there is ...	happen	hit ＋場所	break out
事故	○	○	×	×
火事・戦争など人災	○	×	×	○
地震・台風など天災	○	×	○	×

- **There was** a traffic **accident** in front of my house.
  = A traffic **accident happened** in front of my house.
  うちの前で交通事故が起こった。

- **There was a fire** in my neighborhood.
  = **A fire broke out** in my neighborhood.
  火災がうちの近所で起こった。

- **There was a big earthquake** in the Kansai region.
  = **A big earthquake hit** the Kansai region.
  大震災が関西で起こった。

55 消す

テレビなどスイッチを消すものは turn 〜 off。もともと turn「回して」, off「消えた状態に」するという意味だ。火など回しても消せないものは, put 〜 out。字などこすって消すものは, rub 〜 out。さらに, シミを消したり, 痛みを消したり,「(好ましくないものを) なくす」というのは remove。

> **スイッチで消す**… turn 〜 off
> **火を消す**… put 〜 out
> **こすって消す**… rub 〜 out
> **とりのぞく**… remove

- Can you **turn** the TV **off**?
  テレビを消してくれない？

- The fire engine had difficulty **putting** the fire **out**.
  消防車は火災を鎮火するのに苦労した。

- He **rubbed out** what he wrote on the notebook.
  彼はノートに書いたものを消した。

- I think it difficult to **remove** this stain.
  このシミを消すのは難しいと思います。

56 なおす

病気を治すのは **cure**。けがを治すのは **heal**。機械などを直すのは **repair**。靴や洋服などを繕(つくろ)うのは **mend**。作文の間違いなどを修正するのは **correct**。乱れた髪やネクタイやお化粧を元の状態に戻すのは **adjust** か **fix**。

> 病気を治す… cure
> けがを治す… heal
> 機械を直す… repair
> 繕う… mend
> 修正する… correct
> 元の位置に戻す… fix / adjust

- This medicine will **cure** your cold soon.
  この薬を飲めば君の風邪はすぐ治るよ。

- It will take a few weeks to **heal** this wound.
  このけがが治るには数週間かかるだろう。

- It cost five thousand yen to have this watch **repaired**.
  この時計を直すのに五千円かかった。

- Can you **mend** my jacket?
  ぼくのジャケット直してくれますか。

- Can you **correct** grammatical errors in this sentence if there are any?
  もしこの文に文法的な間違いがあるようだったら直してくれますか？

- He stopped to **fix** his tie.
  彼はネクタイを直すために立ち止まった。

57 裸の

　nude「ヌード」という語は，芸術作品でモデルが裸だということを表す以外には使わないので，英作文で使うことはまずないだろう。普通「裸の」というのは naked か bare だ。naked のほうは，「本来隠すべきものを隠していない**恥ずかしい状態**」を指すので，パンツをはいていないような，つまり，身体が裸であることを指す。逆に「裸足」とか「裸の木」は別に**恥ずかしくない**ので bare だ。

> 全身裸で恥ずかしい… naked
> 恥ずかしくない物が裸… bare

- There was a **naked** man swimming in the river.
  その川で裸で泳いでいる男がいた。

- In winter these trees become **bare**.
  冬にはこれらの木々は裸になる。

58 わかる

彼が「腹へった！」と言いたいとする。このとき，彼の言いたいことが「わかる」とも言うし，彼が腹をへらしているのが「わかる」とも言う。前者は **understand** で後者は **realize** か **find**。つまり realize か find の後には「わかったこと」がハッキリ書いてあるのに対し，understand の後にはハッキリ書いていないのが特徴。下の文例で確認のこと。

「すごく痩せたが彼女だとわかった」というように見分けるという意味では **recognize**。以上はすべて人が主語だが，他方，「その話が嘘だとわかった」というように「(物が)〜だと判明する」という意味では **turn out** か **prove**。

> 人が「内容を理解する」… understand
> 人が「知る・気がつく」… learn / find / realize
> 人が「見分ける」… recognize
> 人・物が「〜だと判明する」… turn out / prove

- I **understood** what he wanted to say.
  私は彼が言おうとしていることがわかった。

- I **realized** he was hungry.
  私は彼が空腹だとわかった。

- I **recognized** him though we hadn't met for years.
  何年も会っていなかったが彼だとわかった。

- His story **turned out** to be false.
  彼の話が嘘だとわかった。

59 危うく〜

「危うく崖から落ちそうになる」というのは結局**「落ちない」**ということ。これは **almost** か **nearly** で表す。他方,「危うく火事から逃れる」というのは,結局**「逃れた」**ということ。これは **barely** か **narrowly** で表す。

> 危うく〜しそうになる… almost / nearly
> 危うく（やっとのことで）〜した… barely / narrowly

- He **nearly** fell off the cliff.
  彼は危うく崖から落ちそうになった（でも落ちなかった）。

- He **barely** escaped from the fire.
  彼は危うく火事から逃げ出した。

* almost は「危うく〜しそうになる」, すなわち「〜しない」という否定の意味になることは要注意。よく「彼は私の言うことをほとんど理解した」という文を訳すのに, "He almost understood what I said." などとしてしまう人がいるが, これでは「あやうく理解しそうになった」, すなわち「理解しなかった」という意味になってしまう。こういう場合には「大部分」を意味する most を使って "He understood most of what I said." とすべき。

60 面白い

知的に興味深いのが **interesting** だから, 本や勉強が面白いと言うときにはこれを使う。**funny** は笑ってしまうような面白さ。スポーツの試合が面白いのは **exciting**。

> **興味深い**… interesting
> **こっけいな**… funny
> **わくわくする**… exciting

- Learning a foreign language is really **interesting**.
  外国語を学ぶことは本当に面白い。

- He is a very **funny** person, and always makes us laugh.
  彼は大変面白い人でいつも我々を笑わせる。

- Which do you think more **exciting**, soccer or baseball?
  野球とサッカーとどちらの方が面白いですか？

61 発達（する）

発達するというと develop や development を使おうとする人が多いが，これらはどちらかというと，ゼロから生まれること，つまり「開発」とか「開発されること」を指す。すでにあるものが大きくなるというのは，advance や progress だ。

> 「開発」… develop（動詞）/ development（名詞）
> 「発達」… progress（名詞・動詞）
> 　　　　　 advance（動詞）/ advancement（名詞）

- With the **development** of computers, our society has changed.
  コンピューターが生まれたことにより我々の社会は変わった。

- With the **progress** of medical science, a lot of people now live to be over 80.
  医学の進歩により，今日多くの人が80過ぎまで生きる。

62 出会う

"meet" はお互いが相手に気付いているが，"see" は一方的に相手を見かけただけという意味も含む。したがって，"I met him." と言っても，お互いに「やあ！」と言ったことになるし，"We met."「我々は出会った」と言っても同じ意味になる（"We met each other." とわざわざ言う必要はない）。

他方，"I saw him." と言っただけでは私が一方的に彼を見かけただけかも知れないから，「出会う」という意味で使うときには "We saw each other."「お互いを見かける」と言わなければならない。この場合，"each other" を省略できないことも注意。また，どちらの単語も，約束した上で会うのにも，偶然で会うのにも使えるが，偶然会う場合にはできれば意味をハッキリさせるために "meet 人 by chance" というのがよい。また，初対面は meet である。これらはいずれも人に出会うのに使うわけだが，「嵐に出会う」といったような障害や困難に出会うのは "meet with ～" か "be caught in ～"。

- **人に会う**
  偶然に一方的に見かける… see 人
  偶然に出会う… meet 人 by chance
  約束して会う… meet / see each other
  初めて会う… meet (for the first time)
- **障害・困難に遭う**
  meet with 物 / be caught in 物

- I **saw** him on the street yesterday.
  私は昨日彼を道で見かけた。

- I **met** him **by chance** when I was taking a walk in the park.
  公園で散歩していたときに彼に偶然出会った。

- Last time we **met**[we **saw each other**], he told me he would go to Italy on vacation.
最後に彼に会ったとき，彼は休暇にイタリアに行くと言っていた。

- We soon became good friends after we **met**.
私たちは（初めて）出会ってすぐに良い友達になった。

- We **were caught in** a storm and couldn't go on.
我々は嵐に出会い先に進めなかった。

63 困らせる

"trouble"は，心理的に動揺させること。"bother"は迷惑をかけたり余計な手間を人にかけさせること。"disturb"は邪魔をすること。"annoy"は迷惑をかけたり邪魔をしたりすることによって，結果として相手をうんざりさせること。非常に似ていて，場合によってはこれらの単語のうちのいくつかはどれを使ってもよい場合もあるが，以上を目安にしてもらいたい。学生はふつう"trouble"を使いすぎる傾向にあるが，その多くの場合は"bother"か"disturb"がふさわしい。

> **動揺させる**… trouble
> **迷惑をかける・手間をとらせる**… bother
> **邪魔する**… disturb
> **うんざりさせる**… annoy

- She **is troubled** by her son's behavior toward her.
  彼女は息子の彼女に対する態度に困っている。

- We live on a main road, and we **are bothered** by the noise of the traffic.
  私たちは大通り沿いに住んでいて，道路の騒音に困っている。

- Don't **disturb** me while I am studying.
  勉強中は邪魔しないでくれ。

- I **was annoyed** by his rude way of speaking.
  私は彼の無礼なしゃべり方にうんざりした。

PART 3

自由英作文の完全攻略

受験生がもっとも苦手とする
"自由英作文"に
明快な指針を与える
独創的指導法

Introduction ― 自由英作文とはどういうものか？

◆和文英訳と自由英作文

　従来，英作文の試験といえば，和文英訳が中心でした。そしてその出題のスタイルは2つありました。

　1つは，受験英語的な構文をちゃんと暗記しているかを問うのを目的としたもので，例えば It goes without saying that … 「…は言うまでもない」という動名詞を使った有名な構文がありますが，これを知っているかどうか試すために「健康が大切なのは言うまでもない」という日本文などを英訳させるタイプ。これはほとんど英作文の試験というより，文法の試験です。

　もう1つのタイプは難関といわれる国公立大学に多く見られたタイプですが，日本語特有の言い回しを英訳させるタイプです。例えば「彼の英語力は努力のたまものだ」の「たまもの」をどう訳すか，という出題です。一番目のタイプに比べれば，こちらのほうがまだましかも知れませんが，夏目漱石を英訳しようというわけじゃないんですから，ふつうの大学受験生の英語力を試すための出題としては，あまり意味があるとは思えません。

　これらのようなスタイルの英作文も残念ながらまだ入試に出題され続けているのですが，半面いわゆる**「発信型の英語」を身につけることが重視される**ようになって，もっと素直に自分の言いたいことを，簡単な英語でいいから説得力のある言い方で，相手に理解させる能力を試そうという機運が高まってきました。その結果，**ここ数年，非常に多く出題されるようになってきたのがこの自由英作文**です。

◆自由英作文の採点基準

　普通の英訳問題と一番違うのは，普通の英訳問題が減点方式で採点されるのに対して，**自由英作文は加点方式で採点される**ということです。

PART 3　自由英作文の完全攻略

　例えば，和文英訳問題で「最近たばこを吸う人が多い」という文を英訳しなさい，という問題が出題されたとします。A君は，
　　"These days the number of people who smoke is large."
と答えたとします。一方，B君は，
　　"Today a lot of people smoke."
と答えたとします。どちらの答案も正しいので満点をもらえるはずです。A君の方の答案は関係詞を使ったり，numberという主語にしっかりlargeという補語が対応しているとか，かなり高度な文法・語法能力を駆使しています（Part 1でやりましたよね）。B君の方は中学1年生でも知っている単語・文法しか使っていません。それでも，正しい文ですから満点なのです。
　逆に，もしA君が先ほどのような答案を書こうとして，間違って，
　　These days the number of people who smoke are large.
と書いてしまったとします。もちろん，間違っていますから減点対象です。したがって，簡単な英語でミスなく解答したB君の答案より，低い点しかもらえなくなってしまうわけです。それが減点方式ということです。そして，減点方式の場合には，できるだけ簡単にミスなく解答することが重要になってくるわけです。
　ところが，**自由英作文の場合には話がかなり違います**。例えば"What season do you like best?"という質問に対して，「英語で自分の考えを述べなさい」という問題が出たとします。C君は次のように解答したとします。
　　I like summer best.
　あなたが採点官だとして，何点あげますか？　文法的には何も間違いはありません。繰り返しますが，**自由英作文は，あなたの英語での「発信能力」，「自己主張能力」を試すためのもの**です。例えば，あなたがアメリカ人の友人と知り合って，おしゃべりをしているときに「どんな季節が好き？」と尋ねられたとします。「夏だよ」とだけ答えるのと，「そりゃ夏だよ。だって，冬なんか寒いじゃないか。そこいくと夏はいいぜ。旅行して野宿したって平気だしさ，海で泳いだりできるし，だいいち，日が長いから一日が有効に使えるよ」と答えるのと，どちらが「発信能力」・「自己主張能力」が高いと言えるでしょうか？
　つまり，**加点方式というのはそういうことなのです**。小論文の採点と同じと

Introduction

考えてくれてもいいでしょう。小論文を採点するときにも，誤字や脱字はもしかしたら減点されるかも知れません。が，誤字脱字がなければみな満点になるのでしょうか？

したがって，自由英作文の場合には，**採点官にアピールする答案を書く練習をしなければならない**ことになるわけです。

この Part 3 では，One Paragraph Essay といわれる 50 〜 80 語程度の比較的短いエッセイを自由英作文するタイプ，日本の風習とか日本語の諺（ことわざ）など日本的な事象を外国の人に説明したり，手紙を書いたり，イラストを説明したりするタイプ，そして最後に一橋大や東京外語大などで出題される 200 語程度の本格的なエッセイ Multi Paragraph Essay を書くタイプの練習をそれぞれしていきます。

Lesson 1 One Paragraph Essay の書き方

3文で書け！

　入試で出題される自由英作文問題でよくあるパターンの1つが，与えられたテーマに沿って自分の考えを50～80語程度の英文で書け，というものです。これは **One Paragraph Essay**（要するにパラグラフ1つで収まるくらいの分量ということ）と言われ，**あらゆるタイプの自由英作文の基礎になるものです。**

　試しに学校の教科書に載っている文の語数を数えてみてください。だいたい1つの文が20語程度で書かれているはずです。ということは，おおざっぱに言って，**3つの文を書けばだいたい50語程度になるはず**です。この3文というのが非常に大切なところです。あとで詳しく見ていきますが，**3文というのが，自分の意見をある程度の説得力を持って相手に伝えるのに必要にして十分な数なのです。**

3文の構成を考えろ！

　それでは，その3文をいかに構成したらよいでしょうか？ 先ほど挙げた例題をもう一度考えてみましょう。"Which season do you like best?" という問題に対して，"I like summer best." という答案。これではもちろん0点です。ここまでひどくはなくても，例えば次のような答案はよく見かけます。

〈答案例1〉

　I like summer best because in summer we can swim in the sea.

　どうでしょうか？ 一番の問題は語数が指定より大幅に不足しているということです。13語にしかなっていません。

　「これではまずい。けれど，自分の意見を書いて，その理由を書いて，もう

Lesson 1　One Paragraph Essay の書き方

これ以上何も書くことがなくなってしまった」と困ってしまうのが，ありがちなパターンです。そして，困ったあげく，「そうだ，泳ぐのは海だけじゃない，プールもあるぞ。そうだ，長い夏休みがあるっていうのも理由になるぞ」とばかりに，蛇足としか呼べないようなものを先ほどの文の後に続けて，下のようにしてしまうのです。

―〈答案例２〉―
> I like summer best because in summer we can swim in the sea and in the swimming pool. And also we have a long vacation in summer.

「ようやく27語まできた。でも，まだ半分足りない！　でも，もうこれ以上書くことが思いつかない」というところでしょうか。しかし，この後こんなふうにしていくら語数を埋めていっても，あまり高得点にはなりません。

なぜかといえば，〈答案例１〉と比べてみて，〈答案例２〉には「プール」とか「夏休み」とかいうような断片的な語句が連なっているだけで，**本質的な違いはない**からです。

〈答案例１〉が10点満点で２点もらえるとしたら，〈答案例２〉はそれに努力賞が加わって３点というところでしょう。繰り返しますが，**自由英作文は加点方式です。採点官にアピールしなければ低い点しかもらえません。**

よく子供がこういう話し方をしますよね。「うんとね～，夏が好きだな。だってさあ，プールで泳げるでしょ。それから～，海で泳げるでしょ。えっ～と～，それから～，あ，夏休みもあるし」って。例えば皆さんは面接試験でこういう話し方をしますか？　しないでしょ!?　ということです。

たった３文といえども，**それなりの構成と計画が必要**なのがわかりますね。それでは，しっかりとした構成と計画に基づいた答案というのはどのようなものなのか見てみましょう。

―〈答案例3〉――
　I like summer best. It is because in summer, thanks to its high temperature and long daytime, we can enjoy various activities, such as swimming, going on a hike and so on. So I don't believe I am the only person who prefers summer to winter.（46 words）
日本語訳：私は夏が一番好きです。それは，夏には高い気温と日の長さのおかげで，水泳やハイキングといったいろいろな活動を楽しむことができるからです。したがって，私には，私が夏を冬より好む唯一の人間であるとは思えません。

―〈答案例4〉――
　I like winter best. You may say winter is not a good season because it is too cold. However, because it is cold, as you say, we can enjoy winter sports like skiing, skating. So I don't hate winter; rather, I really like it.（44 words）
日本語訳：私は冬が一番好きです。あなたは寒すぎるから冬はよい季節ではないと言うかも知れませんね。しかし，あなたが言うように寒いからこそ，私たちはスキーやスケートといったウィンター・スポーツを楽しむことができるのです。だから，私は冬を嫌っていません，むしろ本当に好きなのです。

　2つの解答例を挙げました。いかがでしょうか。最初に断っておきますが，どちらのもまだ改善の余地はあります（それについては後述）。が，**どちらも3つの文を効果的に使っている**のがわかるでしょうか。
　この2つの答案例はいずれも同じような構成になっています。

● 第1文 … Topic Sentence（自分の主張）

　短いエッセイの場合には**一番最初に自分の主張を持ってくる**のがよいとされています。その文を **Topic Sentence**（トピック・センテンス）と呼びます。今回は「どの季節が一番好きか」というのが問題ですから，当然，Topic Sentence も〈答案例3〉のように「夏が好き」であったり，〈答案例4〉のように「冬が好き」であったりするわけです。
　気をつけてもらいたいのは，**Topic Sentence には他のジャマな要素**

Lesson 1　One Paragraph Essay の書き方

　　をくっつけてしまわないということです。〈答案例1〉,〈答案例2〉をもう一度見てもらいたいのですが，Topic Sentence に **because 節による理由がくっついています。これが実はすべての間違いの始まり**だったのです。
　　Topic Sentence は純粋にテーマだけを書くべきで，そこに理由などをくっつけると，自分の主張がぼんやりとしてしまいますし，構成がみだれてしまって，これ以上何を書いたらいいかわからないという，手詰まり状態の原因にもなりますから，絶対に避けましょう。

● 第 2 文 … Support（主張の補強）

　　さて，第1文目で，自分の主張が済んだら，今度は，その主張を**補強して，説得力を高め**なければなりません。そのような役割をする文を **support** と呼びます。
　　〈答案例3〉では「水泳やハイキングができるから」と自分の主張の理由を述べています。このように**理由を示す**というのもたしかに有効な support です。しかし，このようなエッセイを書くときたいていの学生は自分の主張を書いた後にこのような理由を because を使って書きたがるのですが，support はなにも **because を使わなければ書けないものではありません**。
　　詳しくは後で一緒に練習しますが，「最近たばこを吸う女性が増えている」という Topic Sentence の後で，「例えばうちのとなりのおばさんも毎日くわえたばこでゴミ捨てにくる」というように**実例を挙げる**のも support ですし，「最近の世論調査によれば女性の喫煙者数は60%にのぼっている」と**統計数字を挙げる**のも support です。その中でも特によく行われるのが，〈答案例4〉のように**譲歩を使う**ことです。
　　もう一度見てみましょう。**「あなたは冬は寒いからいやだと言うかも知れませんね」**の部分です。譲歩というのは，別の言い方をすれば，読者の反論に先回りをしてしまうということです。そして先にその反論に，「けれども…」と再反論を加えることによって，もう読者がこちら側の意見に納得せざるを得ないようにしてしまうことです。これは非常に有効な support です。

PART 3　自由英作文の完全攻略

●第3文 … Reworded Topic Sentence（ダメ押し）

　そして，第3文目です。〈答案例3〉では「したがって，私が夏を冬より好む唯一の人間であるとは思えません」，〈答案例4〉では「だから，私は冬を嫌っていません，むしろ本当に好きなのです」となっています。「結論」なのですが，第1文でもう結論は書いてしまっています。それを**少し表現を変えてもう一度主張を繰り返している**のです。Rewordedというのは「別の言い方をされた」というくらいの意味です。**もう一度，主張を繰り返すことによって，説得力を高めている**のです。

　それでは，実際にOne Paragraph Essayの書き方を練習していきましょう。

Step 1　Topic Sentenceの書き方

　前節で述べたように，第1文は自分の主張を述べるTopic Sentenceです。ここではこの**Topic Sentenceの書き方**を練習します。例えば，"Which season do you like best?"という問いに対して，前節の〈答案例3〉ではI like summer best. というのがTopic Sentenceになっていました。〈答案例4〉でも同様な文が使われています。**本当は，これはあまりよくありません。**

　自由英作文は加点方式で採点されるということを思い出してください。たった3つの文だけで，できるだけ高得点をゲットしなければならないのですから，**1つの文たりともムダにはできません**。Topic Sentenceにおいても，少しでも強く採点官にアピールしなければならないわけです。

　しかし，"Which season do you like best?" ― "I like summer best." というやりとりにおいては，あなたは質問の文を肯定文に直して，あらたにsummerという単語を追加しただけで，なにもアピールをしていません。これでは第1文目に関しては試合放棄をしてしまったのと同じです。

　したがって，第1文は設問に答えつつ，できるだけ設問に使われた表現は使わず，何らかの**言い換えを行う**ことが望ましいわけです。そうやって何らかのカタチであなたの英語力をアピールするのです。

249

Lesson 1　One Paragraph Essay の書き方

設 問　Which season do you like best?

解答例　① Summer is the best season for me.
　　　　② I like summer better than any other season.
　　　　③ The season I like best is summer.
　　　　④ It is summer that I like best.

　①では単純に**使う単語を少し変えて**あります。「どの季節が好き」という設問に対し，「好き」という動詞は使わず，「よい季節」a good season を最上級にして答えているわけです。

　②は最上級を**比較級に変えてある**のがわかると思います。

　③は**関係詞**を使っています。

　④は**強調構文**です。

　これらが**定番の書き換え方**だと思ってください。

　それでは少し練習をしてみましょう。

ポイント　書き換えの鉄則

- 単語レベルで同類語を考える。
  important → necessary とか **like to do → want to do** など
- 関係詞・強調構文を使う。
- 最上級を使った文は比較級・同等比較に

例 題　Which country do you like to visit? （出題校多数）

下の解答例を見る前に，自分でできるだけたくさんの解答を作ってみてください。

解答例…① It would be nice if I could go to Italy.
　　　　② I would like to go to Italy more than any other country.
　　　　③ The country I want to visit is Italy.
　　　　④ It is Italy that I want to visit.

うまく書けたでしょうか？

それでは，もう少し違うタイプの設問に対する対応も考えてみましょう。

例題 Do you think learning English is important?

設問が一般疑問文，つまり疑問詞を使わない疑問文になってますよね。つまり，何も単語を追加しなくても，肯定文に直すだけで，つまり，I think learning English is important. とするだけで，一応「第1文」ができてしまうわけです。しかしこれではもちろん加点ゼロですから，**その分一層，書き換えの能力が必要**になってくるわけです。

「私は…と思う」くらいはつけ加えましょう。これに関して，受験生は皆 I think … と書くのですが，実はいろいろな形があります。**ほかの人とは違う言い方をしてアピールしましょう。**

ポイント 意見を述べる基本パターン
- I am sure that S + V
- In my opinion, S + V
- I am of the opinion that S + V

そして，learning English is important の部分も動名詞を to 不定詞にするとか，important の同義語を考えるとかすれば，いろいろな書き換えができるはずです。

解答例…① I am sure it is necessary to study English.
② In my opinion, everyone should study English.
③ I am of the opinion that nothing is more important than to study English.

それでは同様の練習を少ししてみましょう。

*　　　　　*　　　　　*

Lesson 1　One Paragraph Essay の書き方

練習問題 1　以下の設問に対する「第1文」を書きなさい。

1．What kind of sport do you like best?
2．Some people say that they cannot live without a cellular phone today. Are you for or against this opinion?　　（出題校多数）
3．Should husbands and wives share housework?　　（宮城教育大）

【別冊解答 p.20】

Step 2　Support の書き方

　さて，次は第2文の書き方です。第2文は support を書くというのは前に述べたとおりです。support は，これも前に述べたとおり，理由や統計や例や譲歩などの形で書くことができます。

　しかしこのうち，統計は，まさか試験中に資料を調べることはできませんから，入試問題をやる際にはもちろんあまり使えません。それから例を挙げるという手段は，これも One Paragraph Essay に使うのはあまり適切ではありません。たった3文で書かなければならないのに，「夏が好きだ。例えば去年の夏は友達と2回湘南の海に行って…」などとゆっくり物語っている暇はないですから。

　ということは入試の One Paragraph Essay で使えるのは理由か譲歩ということになります。

　それぞれについて使い方を学びましょう。

ポイント　譲歩の基本パターン

- **You may say[think] (that) S + V**
- **It is true (that) S + V**
- **Of course, S + V**
- **They say S + V**
- **Most people think S + V**

　譲歩というのは，「確かにあいつは美男子だよ。でも…」というカンジの言

い方なわけですから，**「ありがちな反論」を書けばいいわけ**です。そしてそのありがちな反論は，You may say … 「キミは，…と言うかも知れないね」とか，It is true … や Of course, … 「もちろん…だよ」とか，They say … や Most people think … 「みんな…と思っているんだけど」というような形に導かれればいいわけです。

ポイント 理由の基本パターン

- **It is because S + V**
- **I think so because S + V**

一方，理由の書き方で注意をしてもらいたいのは，よく次のような書き方をしてしまう人がいる，というところです。

> I like summer best. Because in summer we can go swimming in the sea. (×)

Part 1 でこれは勉強しましたよね。**because は接続詞**ですから，2 つの文をつなぐようにして使わなければならないわけです。これは受験生の答案で非常に目立つ点ですから，ぜひ気をつけてください。

しかし，Step 1 でも書いたように，topic sentence と support をくっつけてしまうのは，**パラグラフの構成という観点からいうとまずい**わけです。したがって，It is because SV とか I think so because SV という形が必要になるわけです。

さて，これで第 2 文の書き方を 2 つ学びました。もちろんどちらを使っても，うまく書ければかまわないのですが，どちらかといえば**「譲歩」のほうを使うのがおすすめ**です。理由は簡単で，何度も繰り返すように，自由英作文は加点方式だからです。加点方式というのは言い換えれば**採点官へのアピール度が高い方がよい**ということです。

たいていの受験生は自分の主張を書いたあと because を使って理由を説明しようとします。そういう同じような答案を何百枚も見ている中で，一枚だけ「譲歩」を使った答案があれば必ず目立つはずです。そういう答案に悪い点がつくはずがありません。

Lesson 1　One Paragraph Essay の書き方

それでは実際にどんなふうに使えばいいのか，見てみましょう。

例題　Do you think the voting age should be lowered from 20 to 18?
（宮城教育大）

〈解答例1〉

In my opinion, it is reasonable for a person of age eighteen to be able to vote. You may say that such a young person cannot make a sensible decision when voting.

日本語訳：私の意見では18歳の人が投票できるというのは合理的です。あなたは，そんな若い人は投票するときに，分別のある判断ができないと言うかも知れませんね。

《**NOTE**》　make a decision = decide：「決定する」　sensible：形「分別のある」

〈解答例2〉

I am sure that an eighteen-year-old person is not too young to have the right to vote. I think so because many people begin to work and therefore pay taxes before they are twenty and it is unreasonable for them to have only obligations, not rights.

日本語訳：私は18歳の人が投票権を持つには若すぎるということはない，と確信しています。そのように考えるのは，20歳になる前に働き始めて，したがって税金を払い始める人がたくさんいるからで，そういう人たちが義務だけを負って権利を持たないのは不合理だからです。

《**NOTE**》　reasonable：形「合理的な」　obligation：名「義務」

どうですか？　だいたい要領はわかりましたか？　どちらの解答例もまず，「第1文」の言い換えに注目してください。そして「第2文」は，〈解答例1〉では譲歩を，〈解答例2〉は理由を support として使っています。なかなか，こんなふうには書けないと，君たちは言うでしょうが，それは練習次第ですよ（あ，この「君たちは言うでしょうが」っていうのも譲歩ですね）。

それでは少し自分で練習してみてください。

　　　　　　＊　　　　　　＊　　　　　　＊

練習問題 2

それぞれの設問に対して第1文までが書かれています。そのあと指示に従って第2文(譲歩と根拠と2通りずつ)を続けなさい。

設問1　Do you think it is necessary to teach English in elementary school in Japan?　　　（大阪市立大ほか）
　第1文…In my opinion, elementary schoolchildren in Japan should not be made to learn English.
　第2文…（確かに英語は国際語で、それを学ぶことは重要だ）
　第2文…（もうすでに小学生は負担が大きくてそれを増やすことはよくない）

設問2　Some people say publicity of cigarette companies on TV should be banned. Do you agree with this opinion?
　第1文…In my opinion, it is not necessary to prohibit cigarette companies from advertising their products on TV.
　第2文…（確かにたばこは健康にとって害がある）
　第2文…（広告を見ようが見まいが、最終的にたばこを買って吸うかどうかを決めるのは消費者自身だ）

【別冊解答 p.20】

Lesson 1　One Paragraph Essay の書き方

Step 3　Reworded Topic Sentence の書き方

　さあ，いよいよ最後の文の書き方です。この最後の文は，最初に述べたように第2文の support を受けて，第1文で書いた自分の主張を多少，形を変えながらもう一度繰り返す，**いわば「ダメを押す」役割**を持っています。

　さきほど，Step 2 で途中まで書きかけた問題例を使って見てみることにしましょう。

例題　Do you think the voting age should be lowered from 20 to 18?　　　　　　　　　　　　　　　　　　　　　（宮城教育大）

―〈解答例1〉―
　In my opinion, it is reasonable for a person of age eighteen to be able to vote. You may say that such a young person cannot make a sensible decision when voting. <u>However, many young people under twenty live on their own making various decisions every day, and so there is no reason to think that they cannot vote sensibly.</u> (60 words)

日本語訳：私の意見では18歳の人が投票できるというのは合理的です。あなたは，そんな若い人は投票するときに，分別のある判断ができないと言うかも知れませんね。<u>しかしながら，20歳以下の若者で，自活して日々いろいろな決断をしている人は多くいて，だから，彼らが分別のある投票をできないと考える理由はありません。</u>

　このように，第2文で譲歩を support として使った場合には，第3文ではまず，**前半でその譲歩を否定し，後半で自分の主張を繰り返す**ことになります。基本的な書き方のパターンをまとめておきましょう。

ポイント　譲歩を打ち消す第3文（前半）の書き方

- **However, S + V ……,**
- **But S + V ……,**

PART 3　自由英作文の完全攻略

ポイント　第3文(後半)の書き方

- ……, and so it is obvious that S + V
- ……, and therefore there is no reason to think that S + V
- ……, and thus you cannot deny that S + V

今度は逆に，第2文で根拠を述べた場合です。

〈解答例2〉

　I am sure that an eighteen-year-old person is not too young to have the right to vote. I think so because many people begin to work and therefore pay taxes before they are twenty and it is unreasonable for them to have only obligations, not rights. <u>So, it is obvious that they should be allowed to take part in politics.</u> (60 words)

日本語訳：私は18歳の人が投票権を持つには若すぎるということはない，と確信しています。そのように考えるのは，20歳になる前に働き始めて，したがって税金を払い始める人がたくさんいるからで，そういう人たちが義務だけを負って権利を持たないのは不合理だからです。<u>だから，彼らが政治に参加するのが許されるべきだというのは明らかです。</u>

この場合には，第2文を否定する必要がありませんから，結局は，さっきの**第3文の後半と同じような書き方をすればよい**ことになります。

　それでは実際に練習してみましょう。とりあえず，まず練習問題2で第2文まで書いたものにけりをつけてしまいましょう。その後で，いよいよ最初から最後まで，自分で書いてみてください。

　また，こうしたエッセイを書くという形式は入試に導入されてからまだ日が浅く，各大学ともどういう問題を出すかまだ手探りの状態が続いています。そのため，**同じようなテーマ**がいろいろな大学で何度も重複して出題されています。**コンピューター，インターネット，携帯電話(cellular phone)，英語の有用性，日本の詰め込み教育(cramming education)，いじめ(bully)**など

Lesson 1　One Paragraph Essay の書き方

頻出テーマに関しては，ぜひ書いてみて添削を受けるとよいでしょう。

＊　　　　　　＊　　　　　　＊

練習問題 3

それぞれのテーマに関して「第3文」を書きなさい（練習問題2のつづき）。

設問1　Do you think it is necessary to teach English in elementary school in Japan?　　　　　　　　　　　（大阪市立大ほか）

　In my opinion, elementary school children in Japan should not be made to learn English. It is true that English is the language spoken most widely in the world, and that mastering it is essential for us Japanese.

設問2　Some people say publicity of cigarette companies on TV should be banned. Do you agree with this opinion?　　　　（一橋大）

　In my opinion, it is not necessary to prohibit cigarette companies from advertising their products on TV. I think so because it is consumers who decide whether to buy cigarettes or not and cigarette companies cannot force them to buy them.

練習問題 4

それぞれのテーマに関して50〜80語程度の英語で自分の意見を述べなさい。

1. What I want to do in my college life.　　　　　（宮城教育大ほか）
2. Today many Japanese college students have a part-time job. What do you think about it?　　　　　　　　　　　（香川大・福井大など）
3. The Japanese school year should be changed so that it begins in September and ends in June.　　　　　　　　　（横浜国大）

【別冊解答 p.20〜21】

Lesson 2 さまざまな形の自由英作文

1 日本的な事象(諺,慣用句など)を説明する。

　入試の自由英作文で、ショートエッセイと並んでよく出題されるのが、**日本の諺や習慣を外国の人にもわかるように説明する**、といったパターンのものです。

　Lesson 1でやったショートエッセイに比べると、これはすごく楽です。**説明のパターンと使われる表現**だけ覚えておけば、何にも問題はないはずです。

　例えば「豚に真珠」という慣用句(これは本当は日本の諺ではなく聖書の言葉ですが)を考えてみましょう。文字通りには、「豚に真珠をあげる」ということです。しかしもちろん、実際には、「高価なものをその価値がわからない人がもっている」という意味で使われるわけです。

　「花見」という日本独特の習慣はどうでしょうか? 文字通りには「花を見る」という意味なわけですけど、もちろん「花」というのは桜でなければならないわけだし、「見る」といっても実際は宴会をして飲んで歌うことを意味しているわけです。

　いずれにせよ「日本的な事象」に限りませんが、ある民族に固有なものというのは、**単なる文字通りの定義ではおさまらない多様なエスニックな(民族特有の)ものを含んでいる**わけです。そこのところをきれいに説明してあげることがポイントになるわけです。

　では、実際に**「豚に真珠」**という慣用句を説明してみましょう。

Lesson 2　さまざまな形の自由英作文

── 〈解答例〉 ──────────────────────────
　This idiomatic expression literally means giving a pearl to a pig. But in practice it implies some valuable object is possessed by a person who doesn't deserve it. For example, we use this expression when a millionaire who has no eye for the fine arts has bought a Picasso.
日本語訳：この慣用句は文字通りには，豚に真珠を与えることを意味します。しかし，実際には，これは，なんらかの価値のあるものがそれに値しない人物によって所有されていることを意味します。例えば，芸術に対する鑑識眼のない大金持ちがピカソの作品を買ったりしたときに我々はこの表現を使います。

《**NOTE**》 idiomatic expression：「慣用句」　deserve：「値する」
millionaire：「百万長者，大金持ち」

　いかがですか？　文字通りの意味と現実における使われ方との差がしっかり浮き彫りにされているでしょう？
　今の答案で使われていた重要な表現をちょっと確認しておきましょうか。
　"literally"というのは「文字通りには」という意味の副詞です。こういう話をするときには欠かせないですよね。ですから，要チェックです。この副詞に次の文の"in practice"「実際には」という副詞句が対比されています。"in fact"というのも「実際には」という意味ですから，これを使っても結構です。
　それから"mean"「意味する」は語法的に一応チェックしておいてください。"mean"は that 節か～ing を目的語でとります。

　（例）
　　"Tsukareta" means being tired.
　　"Tsukareta" means that you are tired.
　　「疲れた」というのは疲れていることを意味する。

　つまり，**決して to 不定詞を目的語にしてはいけない**ということです。"mean to do"というのは「～するつもり」という意味になってしまいます。

　（例）
　　I meant to say hello to him.　　私は彼に挨拶をしようと思っていた。

それから，2行目で使っている"imply"という動詞は**「意味する」**という意味で，meanの同類語ですからmeanで代用してもよいのですが，**同じ単語を繰り返し使うのは避けた方がよい**ということと，この"imply"という単語はもともと「単語の中(im-)」に「含んでいる(-ply)」という語源的な成り立ちをしているところからもわかる通り，**もう少し深い意味を表すのに使う**ことが多いので，ここではmeanの代わりに使ってあります。

同じように，**「花見」**を説明してみましょうか。

〈解答例〉

"Hanami" is a Japanese tradition. It literally means watching blossoms but in practice it implies our way of celebrating the coming of spring by holding a party under cherry trees in full bloom.

日本語訳：花見というのは日本の伝統です。それは文字どおりには「花を見る」ということを意味しますが，実際には，満開の桜の木の下でパーティーをして春の到来を祝う我々の祝い方を意味します。

「豚に真珠」のほうとまったく同じように書けるのがわかると思います。それでは，書き方をまとめておきましょうか。

ポイント 日本的な事象の説明

- **This proverb[idiomatic expression/tradition] literally means …**
- **But in practice it implies …**

では同じように，下のいくつかの問題を自分でやってみてください。

　　　　　　＊　　　　　　＊　　　　　　＊

練習問題 5

以下の事柄についてそれぞれ簡潔に英語で説明しなさい。

1. 猿も木から落ちる

Lesson 2　さまざまな形の自由英作文

2. 忘年会
3. 朝飯前
4. 三日坊主

（信州大）

【別冊解答 p.22】

❷　イラストを説明する

　さらに別のタイプの自由英作文について見てみることにしましょう。それは、イラストや4コマ漫画のようなものが与えられていて、それを英語で説明しなさい、というタイプのものです。特に**国立大学の二次試験では、このタイプの自由英作文を課す大学がかなりたくさん**あります。

　このタイプも書き方さえしっかり身につけていれば、まったく恐れるに足りません。ためしに1つ見てみましょうか。

〈例題〉

Write two or three sentences in English about this picture.

（島根大）

　どうですか？　ちょっと笑える図ですよね。文字通りには、2人の人がお辞儀をしあっているのですが、1人の人がそのお辞儀をしている首をエレベーターに挟まれた、という構図です。

　けれども明らかにこの2人は日本人ですよね。そして、日本のお辞儀という習慣を皮肉った絵なわけです。

さっきやった日本の諺や日本の習慣と同じように，**イラストや漫画にも表面的な意味と，「オチ」にあたるようなポイントになるところとがある**わけです。

そして当然，**その「差」をうまく表現すること**が，採点官にアピールする答案になるかどうかのカギを握ることになるわけです。

さあ，それでは実際に解答例を見てみましょう。

〈解答例1〉

Two men are bowing to each other, but one of them has his neck stuck in the door of the elevator.

日本語訳：2人の人がお互いにお辞儀をしあっているのですが，彼らのうちの1人がエレベーターのドアに首を挟まれました。

〈解答例2〉

I see in this picture two Japanese guys bowing very politely to each other. The one guy, seemingly a typical Japanese office worker, is now on the elevator on his way back after a business negotiation, and the other, who might be his business partner, is just seeing him off in front of the elevator. What is funny is that when they bow, the one on the elevator got his neck stuck in the door. (75 words)

日本語訳：この絵の中には，2人の日本人の男性が非常に礼儀正しくお互いにお辞儀をしあっているのが見えます。典型的な日本人サラリーマンらしい片方の人は，商談を終わって帰るところでエレベーターに乗っていて，もう1人の人はおそらく彼の取引先の人なのでしょうが，エレベーターの前で彼を見送ろうとしています。おかしいのは，お辞儀したときに，エレベーターに乗っている方の人が，ドアに首を挟まれたというところです。

《**NOTE**》 stick-stuck-stuck：「つきさす」 on one's way back：「帰る途中で」 negotiation：「交渉・商談」

いかがでしょうか？ いうまでもなく，〈解答例1〉はあまりよくない。けれども，受験生である君たちがやりそうな答案です。**〈解答例2〉の方は，模範解答**です。

〈解答例1〉は何がいけなかったのでしょうか？ 一応のことは書かれている

Lesson 2　さまざまな形の自由英作文

ように見えますが，さっきの絵のことを一瞬忘れて，この文だけを読んでみてください。それで，あのイラストが思い浮かべられますか？

　一つ非常にいけないのは，「お辞儀をして首を挟まれる」という筋をともかく間違いなく英語で書くことに夢中になってしまって，その**背景説明があまりに少ない**ということです。この場合で言えば，日本人だからお辞儀をしているのだということや，1人がもう1人をエレベーターのところまで見送りに来たという状況だからエレベーターの扉を挟んで，お辞儀をしあうようなカタチになったのだ，という説明がなかったら，なんでお辞儀をしていていきなりエレベーターに首を挟まれるのか，さっぱりわかりませんよね。

　それともう1ついけないのは，**「オチ」が不明瞭なところ**です。「エレベーターのところでお辞儀して首を挟まれた」というのと，「エレベーターのところでお辞儀をした。そしたら，笑っちゃうのは，首を挟まれちゃったんだ」というのと，どちらが聞いていて状況が生き生きと頭に思い浮かびますか？

　ですから，全部を一緒に一気に表現しようとしないで，**「オチ」は「オチ」として独立させて，際だてた方がいい**わけです。

　以上のことを頭において，書き方をまとめましょう。

ポイント　イラストの説明

1行目…**I see in the picture ＋ O ＋ C**
　　　　（ここでは一番簡単に絵の大まかな様子を描写する。
　　　　もちろん，Part 1でやったように"see"の後，that節は
　　　　使わないように。）
2行目…**I think that S ＋ V/It seems that S ＋ V**
　　　　などの言い方を使って，背景を説明する。
3行目…**The funny point is that S ＋ V**
　　　　What is funny about this picture is that S ＋ V
　　　　What is interesting is that S ＋ V
　　　　などの言い方を使って，「オチ」を説明。

　それでは，以上のことを頭において，いくつか練習問題をやってみてください。

　　　　　　　＊　　　　　　＊　　　　　　＊

練習問題 6 次の絵に描かれている内容を英語で説明しなさい。その際，下の語句を参考にして，使ってもかまいません。

1. today's headlines
2. a newspaper vending machine
3. the shooting victims
4. the gun-control
5. the right to bear arms

（都留文科大）

練習問題 7 次の4コマ漫画に描かれていることの面白さを80語程度の英語で説明しなさい。

（『サキタ一家のアメリカ体験』より）

（高知大）

【別冊解答 p.23】

Lesson 2　さまざまな形の自由英作文

3　手紙を書く

　さてもう1つ，最近出題が増加傾向にあるのが手紙を書かせる形式の問題です。これも基礎的な英語でのコミュニケーション能力を試す問題だと言えるでしょう。

　出題傾向はたいてい決まっていて，誰かを自宅に招待するための招待状，招待を断る詫び状，外国に行くに際して情報を照会するための照会状，外国の人に自分のことや自分の町を紹介するといったところが主なものです。ですから，こういう問題が出題されそうな大学を受験する人は，あらかじめ2～3通書いて練習しておけば，かなり確実に得点をゲットすることができますから，苦手意識を持ったり嫌がったりしないで，ぜひ練習しましょう。

〈例題1〉

　タダシ君は，友人のJohn君とその奥さんのBettyさんを8月20日（土）に夕食に招待しようと思います。相手の都合を確かめようと思いますが，共通の友人のタカヨシ君も来るということ，家の場所を知らない彼らのために駅まで車で迎えにいくこと，この2つをあわせて知らせる手紙の文面を書きなさい。

〈解答例〉

August 10, 2014

Dear Betty and John,
We would like you two to come and have dinner with us on Saturday, August 20. Our friend, Takayoshi, is also expected to come. I can pick you up at the station. I'm looking forward to hearing from you.

　　　　　　　　　　　　　　　　　　Sincerely yours,
　　　　　　　　　　　　　　　　　　Tadashi

(日本語訳)
親愛なるベティーとジョンへ
土曜日にあなた方お二人に夕食に来ていただきたいと思っております。私たちの友人であるタカヨシも来ることになっています。駅まで車で迎えに行きます。お返事お待ちしております。

タダシ

手紙にはルールがあります。**日付を右上に書くこと，最後に自分の名前をサインすること，最初の「拝啓」にあたる文言と，最後の「敬具」にあたる文言**です。普通，入試問題では，これらはもうすでに解答用紙に印刷されていて，受験生は本文だけを書けばよいようになっていますが，一応，書き方は一通り覚えておきましょう。上の解答例の書き方をそのまま使ってもらえば結構です。

それ以外に関しては，**単刀直入に，必要なことだけを書けば結構**です。日本の手紙のように，「秋もますます深まり…」なんていう，季節のご挨拶はもちろん必要ありません。

ポイント 招待状の書き方

- 人を誘う言い方：
  I would like you to ～
  Would you like to ～ ?
- 返事を待つという言い方：
  I am looking forward to hearing from you.

〈例題2〉
タダシ君のところに知り合いの Tom 君から4月1日にパーティーがあるから来ないかとの誘いの手紙が届きました。しかし，タダシ君はその日，先約があり，行くことができません。その断りの手紙の文面を英語で書きなさい。
（高知大）

Lesson 2　さまざまな形の自由英作文

―〈解答例〉――

March 30, 2014

Dear Tom,
I regret to say that because of a previous engagement I cannot accept your kind invitation to the party on April 1st. Thank you for thinking of me.

Sincerely yours,
Tadashi

(日本語訳)
親愛なるトムへ
残念ながら先約があり4月1日のパーティーに来てくださいというご親切なご招待をお受けすることができません。お気遣いいただきありがとうございます。
タダシ

さて，誘いを断る手紙も同様に単刀直入に書けばよいです。とはいえ断るのと同時に，誘ってくれたことに対するお礼ももちろんしなければいけません。日本的な感性でいうと，「誘ってくれてありがとう。でも行けないんだ」というふうに，まずお礼を言って，その後に断りを言うのが普通ですが，英語で書く場合は，まず一番大切な，「行けない」という断りを先に言ってから，後で誘ってくれたことに対するお礼を言う方が普通です。

ポイント　断り方

① **I regret to say that S + V**
　　　　　　　　残念ながら，お伝えしなければならない。
② **I am afraid that S + V**　　残念ながら，〜。
③ **I apologize for 〜ing**　　〜したことを謝罪します。

どれを使っても基本的には結構ですが，①，②は「遺憾だ，残念だ」ということです。③は「自分の罪を認める」という言い方です。もしいったん誘いを受けたのに，あとでキャンセルするなら③の言い方をしなければならないでしょうが，今回の例では，こちらの予定などぜんぜん考慮せずにむこうが勝手に誘ってきて，その結果，予定が合わなかったというだけの話ですから，こち

らが謝るいわれはありません。①，②のうちのいずれかが今回はふさわしいでしょう。

ポイント 誘いを断る理由

- **have a previous engagement[appointment]**　先約がある
- **be busy with 名詞 [in 〜ing]**　〜で忙しい
- **have a meeting scheduled**　会合が予定されている

ポイント お礼

- **Thank you for inviting me.**　誘ってくれてありがとう
- **Thank you for thinking of me.**
　　　　　　　　　　私に気を遣ってくれてありがとう

その他いろいろなシチュエーションを次の練習問題で練習してみてください。

*　　　　　*　　　　　*

練習問題 8

あなたは最近，米国に住む高校生 Patrick 君と文通を始めました。彼から来た手紙を見ると，彼はあなたが住んでいる町に興味を持っているようです。彼にあなたの住んでいる町を紹介するような手紙を下にあげる出だしに続けて書きなさい。ただし，下の項目を必ず入れなさい。ただしその順序は問いません。

- 場所および東京駅ないし東京新国際空港からの交通手段
- 気候
- 町の大きさ・人口など
- 郷土の特色のある祭りや風習や料理
- その町について好きな点・嫌いな点　　　　　　　　　　（弘前大）

Lesson 2　さまざまな形の自由英作文

February 26, 2014

Dear Patrick,
Thank you for your letter. Seeing that you are interested in my hometown, this time I'd like to write something about it.

練習問題 9

　あなたはオーストラリアにある通信販売の会社に高価なセーターを注文しました。しかし，商品が届いたときにそれが注文した物とは違っていることがわかりました。サイズや色，柄も違い，また，冬物を頼んだのに届いたのは夏物でした。そこで，以下の項目を含む苦情の手紙を書いてください。細部の記述については，あなたの想像力を自由に使ってください。

● 注文したセーターの特徴（サイズ，色，柄，材質など）
● 届いたセーターの特徴（サイズ，色，柄，材質など）
● 注文したとおりのセーターを再度送ってもらうこと
● 届いたセーターは送り返すこと　　　　　　　　　　（岐阜大）

February 25, 2014

Customer Service Department
Fashion International, Ltd.
2120 Stuart Street
Valley Park, Victoria 3978
Australia

【別冊解答 p.24 ～ 25】

Lesson 3 Multi Paragraph Essay へのアプローチ

　さて，長らく続けてきた英作文の授業も今回で最後です。最後に，一番大変な Multi Paragraph Essay の書き方について考えてみることにしましょう。
　Multi Paragraph Essay というのは，Part 3 の Lesson 1 でやった，**One Paragraph Essay を基礎にして，もっと複雑な，長いエッセイを書こう**ということです。
　字数でいうと **100 語以上 200 語程度で書け**，というような入試問題がこれに該当します。ここまで tough な問題を入試で課す大学は決して多くはありませんが，東京外語大をはじめ，いくつかの難関国立大学の前期試験，およびかなり多くの国公立大学の後期試験で課されます。
　分量が多いということは，必然的に配点も高くなり（配点を公表している大学では全体の 3 割程度の配点になっているところも少なくありません），また，**受験生の英語力を反映して点差もつきやすくなる**わけですから，こうした問題が過去に出題されている大学を受験しようと思っている人は，ぜひ十分な対策をとっておく必要があります。
　とりあえずどのようなものなのか見てみましょう。

〈例題 1〉

　次の文章を読んで，自分の感想や意見を 100 〜 200 語の英文で書きなさい。
　自転車は非常に環境に優しい交通手段として人気があるのだが，その自転車を平気で盗む人がいる。しかもそうする人はほとんど罪の意識を持っていない。
　　　　　　　　　　　　　　　　　　　　　　　　　　　（宇都宮大 改 ）

Lesson 3　Multi Paragraph Essay へのアプローチ

―〈解答例1〉――

　It is not unusual to have your bicycle stolen in Japan and, <u>in my opinion, the owner of the bicycle is also to blame for it.</u>

　<u>It is true that, even if few feel very guilty when stealing a bicycle, it is a crime and those who steal should rightly be accused of it.</u>

　<u>But</u> is it possible for those whose bicycles are stolen to escape the blame for it? Take an example. If you leave a bundle of bank note in the waiting room of a station because you want to go to the toilet and you find it stolen when you come back, then can you claim that you are not to blame for the theft? No. In a sense, you have provoked the theft.

　<u>Now most train stations in urban areas in Japan have bicycles left by commuters. And those bicycles illegally occupy the space for pedestrians to walk. So it seems to me obvious that those commuters have no right to accuse the bicycle thieves.</u>（169 words）

日本語訳：　日本では自転車を盗まれるのは特別のことではないが，<u>盗まれる人も責任があるというのが私の意見だ。</u>

　<u>自転車を盗むときに罪の意識を感じる人が少ないとしても，それは犯罪であり，盗む人は訴えられるべきであるというのは，確かだ。</u>

　<u>しかし，</u>盗まれる人は責任を逃れることができるだろうか。例をとろう。もしあなたがトイレに行きたくなったからといって札束を駅の待合室に置き去りにしておいて，戻ってきたときにそれが盗まれているのを見つけたら，あなたは，その盗難に対して責任がないと主張できるだろうか。できない。ある意味で，あなたがその犯罪を引き起こしたのだ。

　<u>現在，日本の都市部の多くの駅は，通勤客が放置する自転車で囲まれてしまっている。そして，こうした自転車は非合法的に歩行者が歩く場所を占拠してしまっている。</u>

　<u>そうした通勤客たちが，自転車泥棒を非難する権利をもっていないということは明らかなように，私には見える。</u>

《**NOTE**》　a bundle of bank note：「札束」　theft：「盗み」
　　　　　provoke：「(事件などを)引き起こす」　commuters：「通勤客」

Lesson 1でやったものに比べると，ぐっと複雑で，分量的にもかなり多くなっているのがわかると思います。けれども，〈解答例1〉の中の下線を引いた部分だけをあらためて読んでみてください。そうすると，Lesson 1でやったのとまったく同じ**"Topic Sentence → Support Sentence → Reworded Topic Sentence"**という構造になっていることがわかりますね。つまり，**たとえ分量が多くなっても論旨の進め方はまったく変わらないのだ**，ということをまず納得してください。

　ただし，分量が多くなるのは事実ですから，Lesson 1でやったのとは違い，**しっかり段落分けをしましょう**。しっかりとした段落分けは，文章を全体に読みやすくして，論理的にしっかり文章が構成されている，ということを読む人にアピールするコツです。

　〈解答例1〉の段落分けを見てみると以下のようになっていることがわかります。

　　第1段落…Topic Sentence「自転車を放置する方にも責任」
　　第2段落…Support Sentence「たしかに泥棒は罪だが」
　　第3段落…Reworded Topic Sentence 1「自転車の放置は社会問題」
　　第4段落…Reworded Topic Sentence 2「自転車を放置する方が悪い」

　構成の上から見ると，one paragraph essayとまったく同じで，それを段落に分けただけだというのがわかりますね。しかし，段落分けするだけでは語数は多くなりません。なぜ今回の答案は，長くなったのでしょうか。

　1つの大きな理由は，**supportとして例を入れた**ことです。〈解答例1〉の第3段落の"Take an example."から後はすべて例になっています。

　例は，topic sentenceに書かれた**自分の主張を読者にわかってもらうのに非常に有効な手段**です。50語程度の字数制限では短すぎて，あまり例を使うゆとりはありませんでしたが，100語を超す英文を書かなければならないときには，**有効に字数制限を消化する**という点から見ても例を書くというのは大変よいやり方です。

　それでは例はどのように書けばよいでしょうか。例の書き方は2つあります。

　まず1つはquick exampleといわれるものです。例えば，下の例を見てください。

Lesson 3　Multi Paragraph Essay へのアプローチ

（例）
I like winter sports; for example, skiing, skating and so on.
「私は冬のスポーツ，例えばスキー，スケートが好きです」

このように"for example"「例えば」とか"such as"「～のような」という表現を使って，**例を短く列挙する**のが quick example です。例を挙げればいいんだ，というと受験生は皆これをイメージするようです。たしかにこのやり方は，それはそれで簡潔明瞭でいいこともあるのですが，これだけではスキーのどこがいいのか，スケートの何がこの人を惹きつけるのか，わかりませんよね。

今回，「例を使おう！」と言っているのは，**じっくり字数を使って，自分の意見を相手にわからせるため**なのですから，これはあまり有効ではないですね。例の書き方にはもう1つあります。それは narrative example といわれるものです。よくテレビで「語り」のことを「ナレーション」と言いますよね。あの「ナレーション」の形容詞形が narrative です。ということは**「物語るような例」**というのが narrative example です。下の例を見てください。

　　　Everything is so expensive in Japan. Take train fares for example. I live in Tokyo and last summer I went to my uncle's on the Shinkansen, who lives in Sendai, about three hundred kilometers away from Tokyo. I could hardly believe it when I heard the fare cost more than ten thousand yen!

「日本ではすべてのものが高い。電車の運賃を例にとろう。私は東京に住んでいて，去年の夏，新幹線に乗って東京から300キロほど離れた仙台に住んでいるおじさんのうちに行った。私は運賃が1万円以上すると聞いたときにほとんど信じることができなかった」

こういうのが narrative example の典型的な例です。さっきの quick example と違って，列挙に終始していないですよね。そして，語数は多くかかりますが，**自分の言いたいことが生き生きと相手に伝わる**のがわかると思います。

決まり文句を覚えておきましょう。**"Take an example."**「例を挙げよう」もしくは，**"Take ～ for example."**「～を例にとろう」です。

それではこれを含めて，もう一度，典型的な multi paragraph essay の構成と決まり文句をまとめておきましょう。

ポイント multi paragraph essay の段落構成

第1段落…**In my opinion,** ～「私の意見では」
第2段落…**It is true that** ～「たしかに」
第3段落…**But** ～「しかし」
　　　　Take ～ for example.「～を例に挙げる」
第4段落…**So it is obvious that** ～「したがって～は明らかだ」

例，特に narrative example が非常に有効だというのは以上見てきたとおりです。それではもし例を使わないのだとしたら，どのような書き方があるでしょうか。先ほどの例題でもう1つ解答例を考えてみましょう。

〈解答例2〉

　It is really regrettable that here in Japan even ordinary people sometimes steal bicycles without feeling guilty.

　A lot of people think little of it because there are many bicycles abandoned in the streets and such objects can hardly be claimed to be someone's belongings.

　However, stealing a bicycle is a, if minor, crime in itself and those who do so should rightly be punished for it. Besides, those who commit such a crime are often young people, and once they succeed in stealing a bicycle and find themselves unpunished for it, they might probably go on to even more serious crimes.

　Therefore, we should not consider bicycle thefts as a minor crime to prevent young people from growing into serious criminals. (122 words)

日本語訳：　この日本で普通の人さえも罪の意識を感じずにときに自転車を盗むことがあるというのは実に残念なことだ。

　町中にはたくさんの自転車が放置されており，そういう物は，誰かの所有物であると主張することが難しいので，多くの人は自転車泥棒をあまり重視しようとしない。

　しかし，自転車を盗むのはたとえ軽いこととはいえ，それ自

Lesson 3　Multi Paragraph Essay へのアプローチ

> 体罪であり，盗む人はしっかり罰せられるべきである。そのうえ，そういう犯罪を犯す人はしばしば若者であり，彼らは，いったん自転車を盗むのに成功して，罰せられないとわかると，おそらくもっと深刻な犯罪へと進んでいくだろう。
> 　したがって，われわれは若者が重大な犯罪者へと成長していくのを抑制するために自転車泥棒を軽犯罪と考えるべきではない。

《**NOTE**》　abandon：「見捨てる」　belonging：「所有物」

　今度は，例を使わずに書かれています。

　第1段落では，「自転車泥棒はいけない」と自分の主張をして，第2段落では「放置自転車は盗まれても仕方ない」と譲歩を書く，と，ここまではいつものとおりです。そして第3段落で，**譲歩に対する反論を書く**わけですが，ここが今までと少し違います。「たとえつまらない物でも人の物を盗めば泥棒だ」という当たり前の反論と，「自転車泥棒はもっと重大な犯罪への入門編になってしまう」という少しひねった反論と，2つの反論が併記されています。このように**2つの反論を書くことによって，説得力も増すし，語数も消化される**のです。

　それでは併記するときの決まり文句を確認しておきましょう。

ポイント　併記のしかた

Besides, S + V/In addition, S + V
　「そのうえ…」

　この「併記」は，単純に2つの論点を並べているだけではないことに注意してください。さっきも言いましたが，「小さい犯罪でも，罪は罪だ」というありきたりの反論が先にあって，その後で「重大犯罪に結びつく」という『かくし球』的な反論が来るわけです。**最初に，「なんだ，その程度の反論か」と思わせるようなもので油断をさせといて，その後で，きつ～い反論をして，相手をやりこめる**作戦なんですね（笑）。

　余談ですが，日本では小学校以来，作文というのは「自分の言いたいことを

自由に書きなさい」みたいに「自己表現の手段」として習っていますよね。でも欧米では少し違います。作文というのは**「説得の技法」art of persuasion**と呼ばれていて，要するに相手を丸め込んで，自分の意見にいかに賛成させるかの手段だと見なされているんですね。ぼくは個人的には，こういう国際化の時代ですから，彼らのやり方に学ぶところは大いにあると思っているんですよ。

ですから，野球だって絶対に勝ちたいと思ったら，かくし球みたいな汚い手だって使いますよね。広島カープの達川元監督の現役時代みたいに，ぶつかっていないのにデッドボールに当たったみたいな顔したりね(笑)。同じように，いろいろこそくな手段を使っても，相手を説得していかなければいけないんです。

それでは，一緒にもう少し練習をしてみましょう。

〈例題2〉

最近，修学旅行で海外に行く高校が増えています。それについてあなたの意見を150語程度の英文でまとめなさい。

(注)海外に修学旅行で行く　go on a school trip abroad

このような問題が出題されたとしましょう。どうします??　まず，**自分の態度を決めましょう**。賛成するのか，反対するのか。まあ，常識的に賛成の立場をとることにしましょうか。最近は，本当に海外に修学旅行に行く学校って多いらしいですね。ぼくたちの年代の人間からすると，とても信じられないことですが……。

それでは反論を考えましょう。**「贅沢だ」**っていうのが，これも常識的な反論でしょうかね。

それに対して，賛成の立場の人だったら，どういうふうに再反論しますか？単純に「贅沢ではない」というのも1つの反論になるでしょうね。例えば東京から沖縄に行くのと韓国に行くのを比べたら，韓国の方が絶対安いですから。それから，「お金には代えられないような経験ができる」というのも正当な反論でしょう。

このうち narrative example を書くとしたら，どちらが楽ですか？「外国に行く方が安い」という例を「例えば沖縄への航空運賃は往復5万円だが，韓国

Lesson 3　Multi Paragraph Essay へのアプローチ

なら2万円くらいで行ける」っていうのも実際的でいいんですが，なんかあんまりインパクトないですよね。せこいというか(笑)。どちらかといえば，やっぱり，「お金には代えられない経験」の例を，嘘でもいいから自分が実際に海外に行ったときの経験と絡めて書く方が「優等生的」でいいんじゃないですか？まあ，好きずきですが……。ということは，2つのパターンが考えられそうです。

解答パターン1

- 第1段落…主張：「海外への修学旅行はいい」
- 第2段落…譲歩：「贅沢に見えるかも知れない」
- 第3段落…反論：「しかし，お金には代えられない経験もある」
　　　　　　例：「私の場合」
- 第4段落…再主張：「海外への修学旅行はいい」

解答パターン2

- 第1段落…主張：「海外への修学旅行はいい」
- 第2段落…譲歩：「贅沢に見えるかも知れない」
- 第3段落…当たり前の反論：「実は海外の方が安い」
　　　　　　かくし球的反論：「お金には代えられない経験もある」
- 第4段落…再主張：「海外への修学旅行はいい」

どうですか？ Lesson 1のところでも再三言ったけど，こうやって，**まず構成をしっかり考えるべき**なんですよ。さあ，ここまで考えれば，あとは簡単です。君たちの出番です。2つのパターンに沿って，2通りの答案を書いてみてください。

　ちゃんと自分で書いてみたかな？ 解答例を見る前に，自分で実際に手を動かしてみないとだめだよ。

―〈解答例1〉

In my opinion, it is quite sensible that these days more and more high school students go abroad on their school trips.

You may say it is too expensive and spending a large amount of money to allow kids a vacation abroad is just too generous an idea.

However, if you consider what you can learn from such a school trip, you have to admit it isn't. Take our high school's trip abroad for example. Our high school has a sister school in South Korea and it is a custom for each of us to visit it once during the three years of high school and spend several days with the students there. You will never know how much I was impressed by my visit to Seoul. Only when I went there did I really realize that there are other peoples than the Japanese on this earth. I think I have become more open-minded since that trip.

So I really want to emphasize that you cannot object to school trips abroad just because they are expensive. (176 words)

日本語訳： 　私の意見では，最近海外に修学旅行に行く高校が増えているというのはよいことだ。

　海外への修学旅行というのは高価だし，ガキどもに海外での休暇を与えてやるために巨額のお金を費やすのはあまりに気前が良すぎるとあなたは言うかも知れない。

　しかし，そういう修学旅行から何を学ぶことができるかということを考慮すれば，あなたはそうではないということを認めなければならない。例えば私たちの高校の修学旅行を例にとろう。私たちの高校は韓国に姉妹校を持っていて，私たち全員が3年間の高校生活の中で一度，その姉妹校を訪問して現地の学生と数日間を過ごすのが習慣になっている。ソウルへの訪問に私がどれだけ強い印象を受けたか，あなたにはわからないだろう。そこに行ってみて初めて，私は，世界には日本人以外にもほかの民族がいるということに本当に気づいた。その旅行以来，私はもっと開かれた心の持ち主になったと思う。

　だから，私は，単に高いからと言って，海外への修学旅行に反対することはできないと，強調したいと思う。

《**NOTE**》　generous：「寛大な」　impress：「印象づける」

Lesson 3　Multi Paragraph Essay へのアプローチ

どうでしょうか？［解答パターン1］どおりに構成されていることをよく確認してくださいね。

では，［解答パターン2］のほうに沿って同じテーマで書いてみましょう。

〈解答例2〉

　In my opinion, it is quite sensible that these days more and more high school students go on their school trip abroad.

　You may say it is too expensive and that spending a large amount of money to allow kids a vacation abroad is just too generous an idea.

　However, going abroad is not always so costly as you think. If you live in Tokyo, Seoul is nearer than Okinawa is and accordingly the airfare to Seoul is certainly cheaper. In addition, you cannot ignore the educational benefits a school trip abroad can give to the students. Visiting foreign countries and seeing how foreign peoples live will teach them more than a lesson in the classroom can.

　Therefore, there is no reason to object to the idea of a school trip abroad. (132 words)

日本語訳：　私の意見では，最近海外に修学旅行に行く高校が増えているというのはよいことだ。

　海外への修学旅行というのは高価だし，ガキどもに海外での休暇を与えてやるために巨額のお金を費やすのはあまりに気前が良すぎるとあなたは言うかも知れない。

　しかし，海外旅行というのはあなたが思うほどいつでも高いわけではない。もしあなたが東京に住んでいるのなら，ソウルは沖縄より近いし，したがって，ソウルへの航空運賃は，より安い。さらに，海外への修学旅行が学生に与えてくれる教育的なメリットも無視できない。外国を訪問して，外国の民族がどのように生活しているかを見ることは，教室での授業が教えてくれるのよりもより多くのことを学生に教えてくれるだろう。

　したがって，外国への修学旅行という考えに反対する理由はない。

《**NOTE**》　airfare：「航空運賃」　benefit：「利益，ためになるもの」

PART 3　自由英作文の完全攻略

　こちらも，最初に一緒に考えたプラン通りに書かれてますね。もう少し詳しく言うと，第3段落の譲歩に対する反論の部分ですが，「海外旅行はそれほど高くない」という反論の後に，**その反論をサポートするための quick example がついている**ということ(If you live in Tokyo,……is certainly cheaper.)，それと「教育的なメリット」というかくし球的反論の後にも，**それをもう少し詳しく説明するサポートがついている**という(Visiting foreign countries……in the classroom can.)，こういうちょっとしたテクニックも学んでください。
　さあ，それでは，今度こそ本当に君たちの番です。いままで学んできたすべてをそそぎ込んで，下の練習問題に立派な合格答案を書いてください。

　　　　　＊　　　　　　　＊　　　　　　　＊

練習問題 10

　しばしば議論の対象となる教育問題に「生徒はなぜ学校で制服を着なければならないのか」というものがあります。あなたは，「高校生は制服を着るべきである。(Senior high school students should wear school uniforms.)」という主張に賛成しますか，反対しますか。あなたの意見を英語で述べなさい。

- 100～150語程度の英文を書くこと。
- 文章構成にも注意を払うこと
- 英文を書くときに以下の表現を用いてもかまいません。なおこれらの表現は参考としてあげているだけで，必ずしも用いる必要はありません。

　ordinary clothes（clothes of their own choice）/ decide what to wear / feel inferior / save money / a member of the group / concentrate on studies / lower students' moral / conformity / school rules / control students / freedom / self-expression / individuality　　　　　　　　　　　（愛媛大）

Lesson 3　Multi Paragraph Essay へのアプローチ

練習問題 11

　今日，資源と環境を守るためにリサイクルの必要性がますます叫ばれています。ガラスやアルミニウムなどリサイクル率が非常に高い物もありますが，増え続ける産業廃棄物（industrial refuse）を懸念する声もあります。いわゆる循環型の社会（a recycling society）をつくるのにもっとも大切なことはなんだと思いますか。150語前後の英文で自分の考えを述べなさい。

練習問題 12

　次の文章を読み，あなたの考えたことを100語程度の英文でまとめなさい。
　私が語学が嫌いなのは，規則という物が本来苦手だからである。決まっている物を覚えるのが生来ダメで，自分の電話番号もしばらくかけないと忘れてしまう。こういう人間に語学を学ばせるにはただ1つの方法しかない。語学を覚えると，彼が本当に欲しい物が手に入ると信じ込ませることである。つまり，イヤでたまらない語学の向こうにあるおいしいものに焦点を合わせるのである。
　この心理療法を私は語学必要悪説もしくはナイフ・フォーク説と呼んでいる。語学はビフテキを食べるためのナイフ・フォークであり，なんら目的ではない，という説である。

　　　　　　　　　（若桑みどり「私の外国語履修法」による）（静岡県立大）

【別冊解答 p.25〜27】

大矢 復　Tadashi OYA

代々木ゼミナール講師，イタリア学者。東京大学大学院修士課程修了

　順調なエリート街道を歩んできたわけでは決してない。劣等生だった高校時代は英語は大の苦手で，英語を突然あきらめて，宅浪してドイツ語を独学し受験したほど。大学に入ってからは通訳のバイトをするほどドイツ語は上達したが，突然飽きて，全然勉強したこともないイタリア語を専門にする。イタリア，フランスへの留学を経て，研究者への道を歩み出すが，ある日突然嫌気がさしてこれもやめてしまう。失意の失業者生活の後，予備校の先生になった。

　料理にだけは一貫した情熱を注いでいる。とくにイタリア料理の腕前は誰にも負けないと自負する。パスタの歴史に関する本も刊行した。

　語学も料理もすべて独学で学んだ。ついでに水泳も。アメリカから専門書をとりよせて泳法を研究し，東京都マスターズ大会で銀メダルを取ったほど。

＊　　＊　　＊

受験生へのメッセージ

「ひとから教えてもらう人生ではなく，自分で学びとる人生を！」

　主な著作：『大矢復図解英語構文講義の実況中継』，『英作文 TRY AGAIN!』，『英語語法 Make it!』〈共著〉（以上，語学春秋社），『大学入試 最難関大への英作文書き方のストラテジー』，『大学入試 英作文 ハイパートレーニング 和文英訳編』，『大学入試 英作文 ハイパートレーニング 自由英作文編』，『大学入試 最難関大への英文法[正誤問題編]』（以上，桐原書店），『パスタの迷宮』（洋泉社新書Y）

教科書をよむ前によむ！3日で読める！
実況中継シリーズがパワーアップ!!

シリーズ売上累計1,000万部を超えるベストセラー参考書『実況中継』が，新しい装丁になって続々登場！ますますわかりやすくなって，使いやすさも抜群です。

英語

山口俊治
英文法講義の実況中継①／② <増補改訂版>

定価：本体(各)1,200円+税

「英語のしくみ」がとことんわかりやすく，どんな問題も百発百中解ける，伝説の英文法参考書『山口英文法講義の実況中継』をリニューアル！入試頻出900題を収めた別冊付き。問題が「解ける喜び」を実感できます。

小森清久
英文法・語法問題講義の実況中継

定価：本体1,300円+税

文法・語法・熟語・イディオム・発音・アクセント・会話表現の入試必出7ジャンル対策を1冊にまとめた決定版。ポイントを押さえた詳しい解説と1050問の最新の頻出問題で，理解力と解答力が同時に身につきます。

西きょうじ
図解英文読解講義の実況中継

定価：本体1,200円+税

高校1,2年生レベルの文章から始めて，最後には入試レベルの論説文を読み解くところまで読解力を引き上げます。英文を読むための基本事項を1つひとつマスターしながら進むので，無理なく実力がUPします。

大矢復
英作文講義の実況中継

定価：本体1,200円+税

日本語的発想のまま英文を書くと，正しい英文とズレが生じて入試では命取り。その原因―誰もが誤解しがちな"文法""単語"―を明らかにして，入試英作文を完全攻略します。自由英作文対策も万全。

大矢復
図解英語構文講義の実況中継

定価：本体1,200円+税

高校生になったとたんに英文が読めなくなった人におすすめ。英文の仕組みをヴィジュアルに解説するので，文構造がスッキリわかって，一番大事な部分がハッキリつかめるようになります。

英語

センター試験 石井雅勇　CD2枚付　定価：本体1,600円+税
リスニング講義の実況中継＜改訂第2版＞

センター試験を分析し，その特徴と対策を凝縮した1冊。予想問題で本番と同じ雰囲気も味わえます。日本人とネイティヴの音の違いをまとめた「速効耳トレ！」パートも分かりやすいと評判です。「新傾向問題」対策も収録。

国語

出口汪　　　定価：本体（各）1,200円+税
現代文講義の実況中継①～③ ＜改訂版＞

従来，「センス・感覚」で解くものとされた現代文に，「論理的読解法」という一貫した解き方を提示し，革命を起こした現代文参考書のパイオニア。だれもが高得点を取ることが可能になった手法を一挙公開。

センター試験 出口汪　　　定価：本体1,400円+税
現代文[センター国語]講義の実況中継＜改訂第4版＞

本書によって，論理的な読解法を身につければ，センターで満点を取ることが可能です。あまり現代文に時間を割くことができない理系の受験生には，ぜひ活用して欲しい一冊です。

望月光　　　定価：本体（各）1,300円+税
古典文法講義の実況中継①／② ＜改訂第3版＞

初心者にもわかりやすい文法の参考書がここにある！文法は何をどう覚え，覚えたことがどう役に立ち，何が必要で何がいらないかを明らかにした本書で，受験文法をスイスイ攻略しよう！

センター試験 望月光　　　定価：本体1,400円+税
古文[センター国語]講義の実況中継 ＜改訂第3版＞

センター古文征服のカギとなる「単語」と「文法」を効率よく学べます。さらに「和歌修辞」や「識別」など必修の古文知識をまとめた別冊"古文知識集"付き。ALL IN ONEの内容の本書で高得点を獲得しよう。

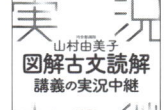

山村由美子　　　定価：本体1,200円+税
図解古文読解講義の実況中継

古文のプロが時間と労力をかけてあみだした正しく読解をするための公式"ワザ85"を大公開。「なんとなく読んでいた」→「自信を持って読めた」→「高得点GET」の流れが本書で確立します。

地歴

石川晶康
日本史B講義の実況中継①〜④ 【CD付】

定価：①・②本体(各)1,200円+税
③・④本体(各)1,300円+税

日本史参考書の定番『石川日本史講義の実況中継』が，改訂版全4巻となって登場！文化史も時代ごとに含まれ学習しやすくなりました。さらに，「別冊講義ノート」と「年表トークCD」で，実際の授業環境を再現！日本史が得点源に変わります！

青木裕司
世界史B講義の実況中継①〜④ 【CD付】

定価：①・②本体(各)1,300円+税
③本体1,400円+税
④本体1,500円+税

受験世界史の範囲を「文化史」も含め，全4巻で完全網羅。歴史の流れが速習できる「別冊講義プリント」＆「年表トークCD」付き！定期テストから国公立大2次試験対策まで，幅広く活用できるようにまとめた至極の参考書です！

〔センター試験〕瀬川聡
地理B講義の実況中継①［系統地理編］／②［地誌編］

定価：本体(各)1,400円+税

どんな問題が出題されても，地形，気候，資源，人口，産業などを論理的に分析して確実に正答を導き出す力，つまり「地理的思考力」を徹底的に磨き，解答のプロセスを完全マスターするための超実戦型講義です！さらに，3色刷で地図や統計が見やすく，わかりやすくなりました。

公民

〔センター試験〕川本和彦
政治・経済講義の実況中継

定価：本体1,500円+税

政治や経済の根本的なメカニズムを「そもそも」のレベルからとことんわかりやすく解説！過去問から厳選した超頻出の〈誤り選択肢〉を随所に挿入し，出題者の"ワナ"に引っかからないための対策をバッチリ提供します。

理科

浜島清利
物理講義の実況中継［物理基礎＋物理］

定価：本体2,100円+税

力学・熱・波動・電磁気・原子の5ジャンルをまとめて収録。物理で大切な「着眼力」を身につけ，精選された良問で応用力まで爆発的に飛躍します。1問ごとにパワーアップを実感できる1冊です。

〔センター試験〕安藤雅彦
地学基礎講義の実況中継＜改訂第2版＞

定価：本体1,700円+税

教科書に完全準拠し，地学基礎の全範囲を講義した，決定版参考書。覚えるべき重要事項から，考察問題・計算問題の解法まで，わかりやすく示してあります。センターで高得点をとりたい人，独学者にオススメ！

実況中継シリーズは順次刊行予定！　詳しくはホームページで！

http://goshun.com　　語学春秋　[検索]

2016年11月現在

聞けば「わかる!」「おぼえる!」「力になる!」

スーパー指導でスピード学習!!
実況中継CD-ROMブックス

※CD-ROMのご利用にはMP3データを再生できるパソコン環境が必要です。

▶ 科目別シリーズ

山口俊治のトークで攻略 英文法 フル解説エクササイズ
練習問題(大学入試過去問)&CD-ROM(音声収録 1200分) ●定価(本体2,700円+税)

出口汪のトークで攻略 現代文 Vol.1・Vol.2
練習問題(大学入試過去問)&CD-ROM(音声収録 各500分)

望月光のトークで攻略 古典文法 Vol.1・Vol.2
練習問題(基本問題+入試実戦問題)&CD-ROM(音声収録 各600分)

石川晶康のトークで攻略 日本史B Vol.1・Vol.2
空欄補充型サブノート&CD-ROM(音声収録 各800分)

青木裕司のトークで攻略 世界史B Vol.1・Vol.2
空欄補充型サブノート&CD-ROM(音声収録 各720分) 以上、●定価/各冊(本体1,500円+税)

▶ センター攻略

瀬川聡のトークで攻略 センター地理B塾 ①〈系統地理編〉②〈地誌編〉
練習問題(センター試験過去問)&CD-ROM(音声収録330分) ●定価/各冊(本体1,300円+税)

▶ 大学別英語塾

西きょうじのトークで攻略 東大への英語塾
練習問題(東大入試過去問)&CD-ROM(音声収録550分) ●定価(本体1,800円+税)

竹岡広信のトークで攻略 京大への英語塾 改訂第2版
練習問題(京大入試過去問)&CD-ROM(音声収録600分) ●定価(本体1,800円+税)

二本柳啓文のトークで攻略 早大への英語塾
練習問題(早大入試過去問)&CD-ROM(音声収録600分) ●定価(本体1,600円+税)

西川彰一のトークで攻略 慶大への英語塾
練習問題(慶大入試過去問)&CD-ROM(音声収録630分) ●定価(本体1,800円+税)

実況中継CD-ROMブックスは順次刊行いたします。　2016年8月現在
既刊各冊の音声を聞くことができます。 http://goshun.com 　語学春秋　検索

英語通訳トレーニングシステム 3ステップ方式
『東大英語長文が5分で読めるようになる』シリーズ

講師 小倉 慶郎（大阪府立大学教授）

各定価 本体1,500円＋税

- **第1冊** 『速読速聴編』 練習問題（センター試験問題14回＋東大入試問題2回） & CD-ROM（音声収録780分）
- **第2冊** 『英単熟語編』 練習問題（話題別に大学入試問題から40問精選） & CD-ROM（音声収録820分）
- **第3冊** 『英単熟語編Vol.2』 練習問題（大学入試問題＋東大入試問題で40問を構成） & CD-ROM（音声収録820分）

A New Approach to Writing English

PRACTICAL EXERCISES

PART 1　例題解答（Lesson 1〜50）

PART 3　練習問題解答（1〜12）

GOGAKU SHUNJUSHA

とりはずしてお使いください

PART 1 例題解答!!

(文中のページは本編のページを指す)

Lesson 1

1. When I grow up, I will become a doctor.
   大人にならない人はいないから，**when** の代わりに **if** を使うのはおかしい。
2. If the current trend continues, in thirty years, one out of four people will be over sixty-five.
   「現在の」は present でも可。「～人中～人」というのは，out of か in で表す。こちらは，前問とは違い，現在の傾向が今後も続くかどうかは定かではないから，if を使う。
   いずれの問題も，主文がしっかり未来形になっているか確認しよう。逆に，**when** 節中，**if** 節中は，現在形でなければならない。時や条件を表す副詞節の中では，未来のことも現在形で表す，というのは文法の基本。知らなかった人は，文法の参考書の「時制」の項を参照のこと。

Lesson 2

1. He takes the seven thirty bus to go to school.　または
   He goes to school on[in] the seven thirty bus.
   下の解答例の前置詞 on[in] に関しては，Lesson 39 を参照のこと（→ p.149）。また「乗る」については Part 2「③乗る」の項を参照（→ p.194）。
2. I don't speak ill of others behind their backs.　または
   I make it a rule not to speak ill of others behind their backs.
   この問題に関しては，おそらく「陰口を言わない」というのが，習慣であると同時にそうするように努力している，と言いたいのだろうから，習慣＝現在形を使って上の解答例のように書いてもいいし，"make it a rule to do"「～することを自分のルールにしている」という例の熟語を使ってもよい。
   「人の悪口を言う」は speak ill of 人。これに「背中の後ろで」という "behind one's backs" をくっつければ，「背中の後ろで人の悪口を言う」，つまり「人の陰口をたたく」となる。入試頻出熟語であるし，もし知らなかったのなら覚えておきたい。

Lesson 3

1. I have been studying German for six years, but because I don't study it constantly, I am still not very good at it.

　「勉強する」は**動作を表す動詞**だから，**現在完了進行形**で「6年間ずっと」ということを表す。「断続的に」というところでつまずいたかもしれないが，constantly や steadily「絶え間なく」を否定にすればよい。「ものにする」は，master でもよいが，master というのは文字通り「完璧」になることで，たとえ断続的でなく勉強したところで，6年くらいで，master できるはずもない。だから，be good at ～「得意」を否定にして，「得意じゃない」というぐらいが穏当だろう。

2. George's brother has lived in the U.S. for five years.

　"**live**"は状態を表す動詞であり，進行形にしないのが普通。また，「アメリカ」は the U.S. と書くこと。"America"と書くと，カナダや中南米諸国も含んでしまうことがあり，曖昧なので避けること。同様に，「イギリス」は"England"とせずに，the U.K. とすること。

Lesson 4

1. Once you have formed the habit of smoking, it is difficult to break it.

　"Once"は「いったん～すると」という接続詞。もし知らなければ，if でも差し支えない。「習慣を身につける」，「習慣をやめる」については，Part 2 の「⑫習慣」の項を参照のこと（→ p.200）。もちろん，Lesson 4 のポイントである，**現在完了形**をちゃんと使っているか確認しよう。"Once you formed …"と過去形ではダメ。

2. The Internet has enabled us to communicate with people all over the world. 　または

　Thanks to the Internet, we can communicate with people all over the world.

　2つの文を比べてもらいたい。下は，"we can"と現在形になっている。ところが上の解答例は"**has enabled** …"と現在完了形になっている。"enable"は「可能にする」という動詞だからだ。インターネットが世界中の人々との交信を初めて「可能にした」のは，20数年前のことだ。その後，現在に至るまで**可能な状態が続いている**。"Spring has come."という文の現在完了形と同じ意味で現在完了形が使われているのだ。"the Internet"は大文字が普通。

Lesson 5

1. When I was traveling in Hokkaido last summer, I met a friend by chance whom I hadn't seen for years.

　「旅行中」というのを**過去進行形**で表し，「出会った」は**過去形**で表す。線と点の関係だ。ちなみに，「長いこと会わなかった」の部分は，過去よりももっと古いことだから**過去完了形**で表す。"meet"は偶然出会うのも，約束して出会うのも，どちらのことも意味して曖昧なので，「偶然出会う」と言いたいときには，できるだけ，"meet ～ by chance"というように"by chance"「偶然に」という副詞句をつけた方がよい（→ Part 2「62 出会う」p.238 参照）。これの位置は文末でもよいが，"meet"を修飾していることがわかりやすくなるように"whom ～"の前に置いたほうがベター（Lesson 50, p.187 ～参照）

2. I received that letter while I was eating breakfast.　または
I was eating breakfast when I received the letter.

　線と点だけ守れば特に問題はないはず。

Lesson 6

1. When I left for America in 1955, I thought (that) I would not come back to Japan again in my life.

　もちろん，「過去から見た未来」である。**"would"**または**"was going to"**を使うのがポイント。"When I came back to America …"としてしまうと，「アメリカに帰り着いたときに」となってしまって，問題文の日本語とずれてしまう。"leave for ～"「～に向かって出発する」。

2. Why didn't you tell me (that) you would[were going to] lend me that book?

　これも「過去から見た未来」に注意。

Lesson 7

1. I heard someone knock[knocking] on the door in the middle of the night.

　ここでの「聞く」は「音を聞く」という意味だから，**"hear"を知覚動詞として使わなければならない**。「真夜中」は"at midnight"では不可。これについては Part 2 の「6 真夜中」の項を参照のこと（→ p.196）。

2. He was surprised to hear that she broke her promise.

ここでの「聞く」は「うわさを聞く」という意味だから，**hear** の後に **that** 節を持ってくる。前ページの例題1とよく比べてみよう。「〜して驚く」の部分の表現については Lesson 47 参照のこと (p.174〜)。

Lesson 8

1. I was shocked to see many empty cans thrown away on the street.
　　"see"を知覚動詞として使う。"**see** + 名詞 + **p.p.**"の形になっている。「〜してショックを受ける」の部分については，Lesson 47 参照 (p.174〜)。
2. When the weather gets milder, you see many people lying in their swimsuits on the grass in many parks in London.
　　"when"の代わりに"if"は不可。"get"「〜になる」の代わりに"become"は OK。"milder"の代わりに"warmer"でもよい。一般的な人を表す"you"か"we"を主語にして，知覚動詞"**see**"を正しく使うのがポイント。

Lesson 9

1. Something is wrong with this watch. It is better to have it repaired.
　または
　There is something wrong with this watch. You had better have it repaired.
　　「壊れている」，「修理する」の表現の仕方については，Part 2 の「⑯壊れている」の項を参照(→ p.204)。自分で修理する人はあまりいないから，常識的には **使役動詞**を使う。ここでは，have が最も適当。"**have** + 名詞 + **p.p.**"の形を使って，「時計が修理されるようにさせる」としてやればよい。
2. If you live with your family, you have every chore done by your mother, from cooking to washing.　または　If you live with your parents, you have your mother wash your clothes and cook your meal.
　　いろいろな書き方が可能だ。まず，「自宅に住む」を文字通りに"live in your home"などと訳すのは避けたい。「自宅」という言葉に「両親の住む家」という意味を持たせて使うのは，もちろん日本語ならではの表現だから，そのまま訳しても「自分の家に住む」と，当たり前すぎて意味不明になってしまう。「母親任せ」は，**使役動詞 have** を使って，「母親が洗濯や料理をするようにさせる」としてやれば

よい。上の解答例で示した"chore"というのは，使わなくてもすむ言葉だが，「日常の雑事」という意味であり，便利に使える言葉だから覚えておくとよい。

Lesson 10

1. Our hiking was spoiled by a sudden rain.　または
   We had our picnic spoiled by a sudden rain.
   「台無しにする」は"spoil"しかない(→ Part 2「17壊す」p.205 の項参照)。ただしその使い方が問題。能動態で書けば，"A sudden rain spoiled our picnic."「突然の雨がハイキングを台無しにした」となるわけだから，受動態にするときに主語として使えるのは，上の解答例のように，「ハイキング」だけ。「われわれ」を主語にしたいなら，**経験被害動詞の have** を使わざるをえない。

2. I thought (that) Japanese people were polite. After I came to Japan, my illusion was broken.　または　I thought the Japanese a polite people. After I came to Japan, I had my illusion broken.
   前半部分は，下の解答例のように第5文型で書けば問題ないが，上の解答例のように that 節を使うと，時制の一致に注意しなければならなくなる(Lesson 49, p.186 参照)。「夢」は"illusion"「幻想」と言い換えた方が意味がハッキリするだろう。受身を使うか，経験被害動詞 have を使うかは，前問と同様。

Lesson 11

1. These days every parent wants their children to go to college in a big city.
   「近頃」は"these days"か"nowadays"。"recently"は不可(Part 2「2最近」p.193 の項参照)。"**want** ＋名詞＋ **to** 不定詞"の形を使っている。

2. We were obliged to take a taxi, because we missed the last train.
   "be obliged to 不定詞"は，代わりに"had to"でももちろんよい。

Lesson 12

1. It has (always) been thought in Japan that working is a good thing.
   受身の時制にもちろん注意。昔から現在までずっと考え続けられてきたわけだから，能動態で表すのでも，"We have (always) thought that S ＋ V"というように**現在完了**にするべきだし，それは受身にしても同じこと。

2. A lot of barriers which have divided people are now being taken away by the Internet.

「いま取り除かれつつある」のだから，当然受身で書くのでも**現在進行形**でなければおかしい。関係詞節の中に関しては，「昔から現在までずっと人々を分けへだててきた」というのだから，"have divided"と**現在完了**にすべき。ただし数の一致に注意(Lesson 17, p.69 参照)。

Lesson 13

1. Practical use must be made of your English.
   Your English must be made practical use of.

   "make use of"は名詞を含んだ熟語だ。日本語では「実用的に活用する」となっているが「実用的な活用をする」というふうに名詞"use"「活用」に形容詞"practical"をつけて"make practical use of ～"を受け身にすると考えればよい。

2. Japanese people are often thought of as hardworking.

   熟語としてならったことがあるかもしれないが，"think"は"think Japanese people (to be) hardworking"のように第5文型で使い，"think of"は「～として」という意味の"as"をともなって，"think of Japanese people as hardworking"「勤勉として日本人について考える」のように言う。後者を受け身にすれば解答のようになるわけだ。「勤勉」は industrious や diligent でもよいが，やや古めかしい。

Lesson 14

1. The population of China is much larger than that of Japan. または，
   China is much more populous than Japan.

   本文で見たように，"population"は**"large"で修飾**する。または，"populous"「人口の多い」という形容詞を使う。つまり，The population of China is large. = China is populous.「中国の人口は多い」となるわけだから，あとはこれを比較級にしてやればよい。

2. That CD was cheaper than I thought. または，
   The price of that CD was lower than I thought.

   本文にて説明したとおり。

Lesson 15

1. Some great writers didn't receive formal education.　または
   The number of great writers who didn't receive formal education is not small.

   「教育をちゃんと受けなかった作家もいる」と問題文の日本語を変えて読めば簡単だ。下の解答例のように，日本語をそのまま英訳しようとすると，相当大変になってしまう。

2. In those days a lot of people liked to listen to classical music.
   または
   In those days there were many people who liked to listen to classical music.

   下のように，関係詞を使おうとすると，**時制の一致**に注意を払わなければならない。上の解答例がおすすめ。

Lesson 16

1. Few Japanese people can make themselves understood in English.

   「ごくわずかな日本人だけしか…ない」というように，"**Few Japanese …**"を主語にしてしまえば簡単。「自由に意志を伝えられる」という部分は，受験英語で有名な"make oneself understood"を使ってももちろんよいし，もっと簡単に，"communicate in English"としてももちろんよい。

2. Few fathers in Japan spend a lot of time with their children on weekends.　または
   Fathers in Japan spend little time with their children on weekends.

   本文で解説したとおりにやるならば上のような解答例になるはず。が，少し発想を変えて，下のように書くこともできる。要は，**関係詞を使ったりしないで短文で書こう**，ということなのだ。

Lesson 17

1. Many Japanese people are still obliged to live in a small house far from their office.

   「余儀なくされている」については，Lesson 11 を参照（→ p.48）。"house"に"small"

という形容詞と，"far"という形容詞に"from their office"というおまけがついたものをつけるのだと考えればよい(→ part 2「52会社」p.230 を参照のこと)。
2. One of the aspects which make Japanese a difficult language is that there are many words similar in pronunciation but different in meaning.

これも同様に，"similar"と"different"という 2 つの形容詞にそれぞれ"in …"「～の点において」をくっつけた，"similar in pronunciation"と"different in meaning"という 2 つの形容詞句が，後ろから"words"を修飾していると考えればよいわけだ。

Lesson 18

1. The person whom you were talking with is my brother.　または
The person with whom you were talking is my brother.
"**with**"を忘れないように。
2. The typewriter with which the novelist wrote his works was exhibited.
"write his works with the typewriter"「そのタイプライターを使って作品を書く」という表現を念頭において書こう。

Lesson 19

1. We tend to be conservative about breakfast, and French people, who eat croissant every morning, are never tired of it.　または，
We tend to be conservative about breakfast. French people eat croissant every morning, but they are never tired of it.

クロワッサンを食べるフランス人と，クロワッサンを食べないフランス人がいるわけではない(実際にはもちろんいるだろうが，この文を書いた人は，この両者を区別したいわけではない)。そうではなくて，この文を書いた人に言わせれば，フランス人は皆，朝食にクロワッサンを食べるわけだ。したがって，**関係詞を使うなら非制限用法**で使わなければならない。または，フランス人は毎朝クロワッサンを食べるのに飽きない，と言いたいわけだから，もっと簡単にするには**接続詞 but**を使ってやればすむ。
2. Monkeys in the zoo, which are given food, have much more free time than those in the wild.　または，
Because monkeys in the zoo are given food, they have much more free time than those in the wild.

これもえさをもらう動物園のサルと，えさをもらわない動物園のサルがいるわけではない。したがって，関係詞を非制限用法で使うか，または，えさをもらっているから暇な時間がある，と言いたいわけだから，**because** を使ってやればよい。

Lesson 20

1. Don't avoid doing what you are poor at.
   "be poor at ～"は，"be good at ～"の逆で「～が苦手だ」。この"at"を落とさないこと。
2. What foreigners who have come to Japan are surprised at is that a lot of things still usable are thrown away here.
   "at"を落とさないように。

Lesson 21

1. If you live in an apartment, you should be careful not to disturb people downstairs.
   もしも「3階の人々」と言いたいのなら，"people on the third floor"となるわけだが，"downstairs"は副詞。ということは，「前置詞＋名詞」の役割を持っているわけだから，この"on the third floor"全体の置き換えとして使うことができるわけだ。というわけで，**"people downstairs"**で**「階下の人々」**となる。
2. I was caught in a shower on my way back home.
   「駅へ戻る道」ならば"on my way back to the station"。この"to the station"の置き換えに"home"が使われる，という理屈は前問と同じ。"back"は省略してもよい。

Lesson 22

1. He hardly understood what I said.
   "**hardly**"の位置がもちろんポイント。
2. You should always be kind to old people.
   これももちろん"**always**"の位置がポイント。

Lesson 23

1. This summer was unusually hot, and people in the central region suffered from a water shortage.

「異常に暑い」という部分で"hot"という形容詞を修飾する"unusually"という副詞をその直前につけたわけだ。
2. He told such a funny joke that everyone laughed loudly.　または
   He told so funny a joke that everyone laughed loudly.
   "such"や**"so"**の語順がポイント。

Lesson 24

1. Italy is as poor in natural resources as Japan is.
   "Italy is poor in natural resources."「イタリアは，天然資源の点で貧しい」という文をまず最初にイメージして，その中の"poor"という形容詞に副詞である"as"をつけると考えればよい。
2. I like to take as little baggage as possible when traveling abroad.
   "as 〜 as possible"「できるかぎり〜」という熟語は誰でも知っているわけだが，それを正しく使うのがポイント。熟語であるとはいえ，文法的にはやはり，**最初の"as"が副詞である**ということを意識すること。"I like to take little baggage."「私は少ない荷物を持ちたい」という文を最初にイメージし，この"little"の前に"as"をつけると考えればよいわけだ。

Lesson 25

1. Because walking takes as much energy as jogging does, it is good for people who don't exercise regularly.
   "Walking takes much energy."「歩くことはたくさんのエネルギーを必要とする」という文を最初にイメージする。この"much"に"as"をつければ，"Walking takes as much energy."「歩くことは同じくらいたくさんのエネルギーを必要とする」となる。さらに，**接続詞の"as"以下**について，"… as jogging takes much energy."「ジョギングがたくさんのエネルギーを消費するように」という文をイメージして，"takes …"以下の部分を代動詞の"does"に変えればよい。
2. The road is as crowded today as it was yesterday.
   2番目の"as"以下。もともとは，"as the road was crowded yesterday."「道路が昨日混んでいたように」という文が最初にあり，そのうち"the road"が"it"に置き換わり，"was crowded"が"was"に置き換わったと考えれば，解答例のような文ができあがるはずだ。

Lesson 26

1. Lies make people happier than they are when they hear the truth.
    "than"以下の問題。"than they are happy when they hear the truth."「真実を聞いたときに彼らが幸せであるのより」という文を考え，そのうちの"they are happy"が"they are"に置き換わると考える。
2. To make your dreams come true, I think it necessary to make greater efforts than other people do.
    "greater"の位置，そして，"than"以下の形をチェックしておこう。もう正しく書けるはずだ。

Lesson 27

1. More and more tall buildings have been built and the city has changed a lot.
    "Many tall building have been built."という文を考え，この中の"many"を「**比較級 and 比較級**」の形にすればよい。
2. His mother got poorer and poorer and had to sell more and more of her furniture.
    "His mother got poor."「彼女の母は貧乏になった」という文と，"… and had to sell much of her furniture"「彼女の家具のうち多くを売らざるを得なくなった」という文をそれぞれ，「**比較級 and 比較級**」にしたと考えればよい。

Lesson 28

1. More and more people living in big cities have become interested in gardening.
    「趣味」の表し方については，Part 2「15趣味」の項を参照のこと(→ p.203)。
2. These days parents spend less and less time with their children, and the children feel lonely.
    "spend little time with …"「～と少ない時間を過ごす」という表現を考えて，ここから発展させればよい。

Lesson 29

1. Is it dangerous for people who cannot communicate in English to travel alone to a foreign country?
   この場合は"**to** 不定詞"で「～すること」というのを表現しなければならない。
2. It is common sense even among ordinary people that smoking does you harm.
   この場合は **that** 節で「～すること」を表す。「たばこが」という主語なしで,「健康に悪いことは, 常識だ」と言ったのでは意味不明になってしまうからである。なお"even"の使い方に関しては, Lesson 45(→ p.168)を, "ordinary"に関しては, Part 2 の「50 普通の」の項をそれぞれ参照のこと(→ p.228)。

Lesson 30

1. We tend to express ourselves indirectly so that we won't shock others or hurt their feelings.
   目的の部分を"not to shock others or hurt their feelings"というように to 不定詞で表すことも可能だ。しかし, そうすると間接的に自分を表現すれば確実に相手を傷つけないし, 間接的な言い回しをしなければ確実に相手を傷つける, という感じのニュアンスになってしまう。しかし, 常識的に言って, 日常生活でハッキリした物の言い方をしても相手が傷つかないことだってあるし, 遠回しな言い方をしてもうまくいかないこともある。したがって, できれば"**so that**"で目的を表したほうがベターだ。
2. He stepped out of her way for her to pass.
   この場合は前問とは逆に"**to** 不定詞"で表すべき。なぜなら, 道を譲れば彼女は通れるし, そうでなければ彼女は通れないだろうから。

Lesson 31

1. Tell your parents how much you want to study in the U.S.
   "You want to study in the U.S. very much."という文をまずイメージしよう。その"very much"を"**how much**"に変えて, 文頭に持ってくると考えればよい。まちがっても"… how you want to study in the U.S."とやってしまってはいけない。これでは,「どういうふうにアメリカで勉強したいか」という意味, つまり「語学学校の生徒として」とか「大学生として」とかいう意味になってしまう。
2. How difficult it is to think from other people's point of view shows

how limited our imagination is.　または
　We learn how limited our imagination is when we realize how difficult it is to see things from other people's point of view.

　"how"を使った名詞節がどちらの解答例でも2か所で使われている。それぞれの節のなかの**"difficult"**や**"limited"**の位置に注意。最初の解答例では，日本語通りに直訳したが，さすがに主語が長くて読みにくくなってしまうので，少し手直ししたのが2番目の解答例だ。どちらでもよい。

Lesson 32

1. Even if they seem to be poor to other people, they are happy.
または
　However poor they seem to be to other people, they are happy.

　下の解答例のように"however"を使ったときにはもちろん**poor**の位置に注意しなければならない。「たとえどんなに貧乏に見えても」というのは仮定だからもちろん"even if"や"however"の代わりに"though"などを使うことはできない。

2. Children these days have their parents drive them wherever they want to go until they are old enough to get a driver's license.

　ポイントは，**"wherever they want to go"**「たとえ彼らがどこに行きたいのであれ」の部分。前半は，使役動詞の have の使い方に注意。「車で送る」に関しては Lesson 49 を参照のこと (→ p.185)。

Lesson 33

1. On that Sunday morning, all the family got up early and were busy preparing to go to grandpa's.

　ポイントは，"On that Sunday morning"の**"on"**。"in"ではいけない理由は本文に述べたとおり。

2. Because mother hasn't had the opportunity to travel for a long time, she is looking forward to the trip next month.

　"the trip in June"「6月の旅行」というなら"in"が必要なところだが，"next month"には前置詞がいらないわけだから，**"the trip next month"**「来月の旅行」となる。前半部分については，時制に注意。現在までずっと機会がなかったのだから，ここでは**現在完了以外不可**。

Lesson 34

1. By the time we got to the station, the train had already left.
   接続詞の**"by the time"**を使うのがポイント。
2. Nobody knows what he can do until he actually does it.
   接続詞で**"till"**または**"until"**を使うのがポイント。

Lesson 35

1. Hand in the paper within ten days.
2. The construction will come to an end in three weeks.
   「終わる」は**"come to an end"**がふつう。

Lesson 36

1. There used to be an old temple on this river.
2. On the door there was a notice saying: "Keep Out".

Lesson 37

1. Because of the strong yen, many people travel abroad these days.
2. Tokyo has been[was] praised for being the only big city in the world where people can[could] walk alone safely late at night.
   　本文で扱った賞罰動詞**"praise 人 for ～ing"**を使って書けばよい。"for being"の部分は"as"「～として」でもよい。また時制についてだが、「現在までずっと賞賛されていた」と考えれば現在完了だし、「昔賞賛されていた」というなら過去形。どちらでもよい。

Lesson 38

1. With the spread of TV, the time people spend home became longer.
   「～するにつれて」の**"with"**を使うのがよいだろう。
2. With the progress of communication technology, the world is getting smaller and smaller.

ポイントは前問と同様。

Lesson 39

1. I would like to send this letter by express.
   通信伝達手段の"**by**"をここは素直に使えばよい。
2. If you leave Tokyo on the six o'clock Shinkansen, you will get to Sendai at eight. または
   If you take the six o'clock Shinkansen, you will get to Sendai at eight.
   下の解答例のように書けば前置詞は不要になる（ただし「乗る」の表現の仕方については，Part 2「③乗る」p.194 の項を参照のこと）。しかし，最初の解答例のようにした場合には，前置詞に注意。

Lesson 40

1. We live without realizing that we depend on other countries for much of what we need in our everyday lives.
   ここは，"**without**"で当然よい。なぜなら，「生きる」という行為と「気づく」という行為をもちろん同時にすることができるのに，我々は前者だけして，後者をしていないと言っているのだから。「依存する」の"depend on …"は有名な熟語でみんな知っているのだが，より正確には，**depend on 人 for 物**「物の面で人に頼る」と覚えておいてもらいたい。例えば，He depends on his parents for money.「彼は金銭面で両親に頼っている」というふうに。この解答例でも that 節以下は，この熟語を使ってある。
2. In a race called a "joy-athron", people enjoy the race at their own pace instead of competing with each other.
   こちらは逆に"**instead of**"を使うのが適当だ。なぜなら，「自分のペースで楽しむ」のと「競争する」のは，相反する行為で，そのどちらか片方だけしか選ぶことができないからだ。

Lesson 41

1. He didn't say anything. He seemed angry. または
   He looked angry.
   この場合は，彼が一言も口を開かないという事実から論理的に推測して「怒って

いる」と判断したか，または，いま彼を目の前にしているわけだから，その表情から判断したのかどちらかだ。したがって，**"seem"** か **"look"** を使うのが最も適当だ。

2. Japanese people seem to like traveling. I hear (that) about five million Japanese traveled either in Japan or to foreign countries last summer.

最初の「ようだ」は，おそらく五百万人もの日本人が旅行をしたという事実を根拠にした推測だ。したがって，**"seem"** を使って表す。2番目の文の「らしい」は，おそらくテレビか新聞で見聞きした情報であろうから，**"I hear"** を使って表す。

Lesson 42

1. It rained today for the first time in a long time.
   これは，本文でやったとおり。
2. My friend who lives in Hokkaido is coming to see me for the first time in ten years.
   「遊びに来る」という表現に関しては，Part 2 の「14遊ぶ」を参照のこと（→ p.202）。

Lesson 43

1. I realized that she was a nice person only when[after] she died.
   または
   I didn't realize that she was a nice person until she died.
   基本的な構文は本文に述べたとおり。「気がついた」の表現に関しては，Part 2 の「58わかる」の項を参照のこと（→ p.235）。
2. I realized how little I knew about Japan only when[after] I came to live in a foreign country.
   I didn't realize how little I knew about Japan until I came to live in a foreign country.
   これも基本的な構文は本文に述べたとおり。"how little I knew about Japan" の部分で，"little" の位置は正しく書けただろうか？ 間違えたのなら，Lesson 31 をもう一回復習してほしい。また "about" がある理由については，Part 2 の「45知っている」の項を参照のこと（→ p.225）。

Lesson 44

1. Because I finished my homework yesterday, I am free today.

日本語では「仕上げてしまうことができた」と書いてあるが, 明らかに「できた」（可能）だけでなく, この人は「やってしまった」（現実）わけだから, "could"など使う必要はない。**過去形で十分だ。**

2. I asked my boss to let me take a few days off in September. He didn't seem to like the idea, but I managed to persuade him.

これも前問と同様に, この人は説得する能力があっただけでなく, 現実として説得したわけだから, **"could"** を使う必要はない。過去形で"persuaded"としてもまったく構わないが, 問題文に「なんとか…できた」とあるので"manage to do"を使った。「休暇をくださいと頼んだ」の部分については, Part 2の「⑤休む」の項を参考にしてほしい（→ p.195）。

Lesson 45

1. They wouldn't listen to each other.　または
   They didn't want to listen to what each other was saying.

「お互いの言うこと」をどう表現するかがポイント。文字通り書くなら下の解答例のように"what each other was saying"であろうが, もっと簡単なやり方もある。

例えば, 先生が生徒たちに向かって, "Listen to me."などという場面を中学校の教科書か何かで見たことがあるはず。「私を聞きなさい」ではない。「私の言うことを聞きなさい」だ。これでわかるように, **人を表す名詞は, そのままで「その人の言うこと」**という意味を表すことができる。これは覚えておくと便利だ。

例えば「私は彼の言うことを理解できなかった」などという日本語を英訳するのでも, "I couldn't understand him."と簡単にすることができるからだ。ということは, この問題でも上の解答例のようにできるはずだ。ただし"listen to"の**"to"**を忘れないように。

2. Don't say such a thing even to your own child.　または
   Don't speak in that way even to your own child.

"to your own child"「自分の子供に対して」という副詞句に"even"をつけてやれば「子供にさえ」となる。

Lesson 46

1. He was born three years after the Second World War came to an end.

本文で述べたとおり, "after …."「～したあとで」という副詞節を修飾する副詞的な"three years"を, その直前につければ**"three years after …"**「～した3年後に」

となる。
2. He set a Japanese national record in the four hundred meter race.

「記録を樹立する」は **"set a record"** が普通。「400メートル競走」は "four hundred meter race"。"meter" が単数形になるところに注意。

Lesson 47

1. We were all disappointed to hear that he failed in the exam.

"**be disappointed at**"「〜にがっかりする」という熟語はあるが，その "at" という前置詞につなげて，名詞の形で書くには「彼が試験に落ちた」という部分は複雑すぎる。したがって, to 不定詞か that 節で書くこととなるわけだが，おそらく「みんな」は彼と一緒に合格発表に行って，自分でその事実を知ったのではなく，誰かに聞いたのだろう。だから **to** 不定詞を使って，"to hear that …" とするか "to learn that …" とするのがよいだろう。

2. Tourists visiting Beijing are surprised that more and more taxis are running there.　または
Tourists who visit Beijing are surprised to see more and more taxis running there.

この場合は実際にたくさんのタクシーを目にしているわけだから **that** 節でかまわないし，または，"to see"「〜を見て」としてもよい。ただし，"see" は以前に学習したように，この場合知覚動詞として使わなければならないことに注意しよう。"to see that …" は不可。

Lesson 48

1. Looking at each of the pictures of those days, I felt like visiting those people and seeing that landscape.

もちろんまず写真を見て，そのうちに昔の仲間に会いたい気分が湧いてくるわけだ。分詞構文を使うなら，その順番を意識して解答例のように書かなければならない。"looking" の前に "while" をつけていれば，順番はどちらでもかまわない。

2. Walking toward the station, he realized that he left his textbook at home.

これも前問と同様。

Lesson 49

1. He said he would come to see me because he had something important to tell me, but he didn't appear.

    直接話法を使わないということ。"He said, "I will come to see you because …."とやるのは，子供っぽすぎる。ただし間接話法で書くときには**時制の一致に要注意**。

2. When I left for the U.K. for the summer vacation, my Japanese friends insisted on seeing me to the airport.

    「と言ってきかなかった」とあるが，**"insist on ～"**「～に固執する」という便利な動詞があるのを思い出さなければならない。「空港に見送りに来る」を「来る」だから"come"だな，その次は，「見送りに」だから，to不定詞で目的として表現すればいいな，などという手順でやってはいけない。

    本文でも述べたことだが，**"take 人 to 場所"**なら「人を場所に連れていく」だし，**"see"**には「付き添う」という意味があるから，この表現の"take"を"see"に代えて，**"see 人 to 場所"**とすれば「人を場所まで付き添う」つまり「人を場所まで見送る」となるわけだし，"drive 人 to 場所"とすれば「人を場所まで来るまで連れていく」となるわけだ。

    余談だがジャズの名曲に"*Fly Me to the Moon*"というのがあるのを知っているだろうか？ メロディーを聴けばきっと聴いたことがあるはずなのだが。「私を月まで（何か空を飛ぶ乗り物で）連れていって」という意味だ。

Lesson 50

1. He knew from experience that he should not reveal to others what he really thought.

    本来ならば，"He knew that …"となるはずだが，"from his experience"「経験から」の部分が迷子にならないように，**knew**の直後に入れる。"to others"「他人に」という副詞句も同様にreveal「明らかにする」のすぐ後に入れる。

2. It is because literature creates in the imagination what we cannot see or what we cannot take a picture of.

    "in the imagination"の部分の位置に注意。それから，「写真に写らぬもの」という表現についても注意が必要。「～の写真を撮る」は"take a picture of ～"であるから，以前に学習した関係代名詞whatの性質を考えれば，「写真に撮れないもの」は，"what we cannot take a picture of"というように，この"of"がどうしても必要となる。

PART 3 練習問題解答!!

練習問題 1

1. ・I like soccer better than any other sport.
   ・In my opinion, no other sport gives more fun than swimming.
   ・The sport I like best is baseball.
2. ・I don't agree with the idea that we cannot do without the cellular phone today.
   ・I don't think that the cellular phone is indispensable for our life.
3. ・I am of the opinion that husbands as well as wives should do housework.
   ・I think it natural for husbands to help their wives do housework.

練習問題 2

1. (譲歩)It is true that English is an international language and therefore is necessary to learn.
   (根拠)I think so because schoolchildren in Japan already have much to learn at school and it will be very hard for them if another subject is added to it.
2. (譲歩)Of course, smoking cigarettes does harm to your health.
   (根拠)It is because, whether they see the product advertised on TV or not, the consumers decide for themselves whether to buy it or not.

練習問題 3

1. However, schoolchildren in Japan already have so much to learn and we cannot add any more to it. So I don't think it reasonable to make them learn English at elementary school.

2. So there is no reason to think that cigarette companies cannot advertise their products on TV.

練習問題 4

1. I will major in English, and I especially want to improve my reading ability in English. I know many Japanese young people nowadays like to learn only to speak English, and they look down on the reading ability as impractical or out-of-date. However, reading English literature will surely give you deeper pleasure than just repeating conversational 'set phrases', and so I wish to concentrate on reading English. (67 words)

    (和訳)私は，英語を専攻するつもりで，とくに英語を読む能力を伸ばしたいと思っている。最近の日本人の若者は英語を話すことだけを学びたがっていて，読解力を実用的でないとか時代遅れとかと馬鹿にしているのは知っている。しかし，会話の「決まり文句」を繰り返してばかりいるより英文学を読むことはもっと深い喜びを与えてくれるはずであり，だから私は読解の方に集中したい。

2. In my opinion, Japanese students should not have part-time jobs. I think so because most of them work not because they really have to in order to survive, but merely because they want extra money to 'enrich' their life: to buy a car, to go skiing and so on. I think they should devote their valuable time not to part-time jobs but to their studies. (66 words)

    (和訳)私の考えでは，日本の学生はアルバイトをすべきでない。そう考えるのは，彼らの大部分が生きるためにそうせざるを得ないわけではなくて，単に，クルマを買ったり，スキーに行ったりというように自分たちの生活を「豊かにする」ためだけに彼らは働いているからである。彼らは自分たちの貴重な時間をアルバイトにではなく勉強に使うべきだと私は思う。

3. I think it quite reasonable for the Japanese school year to begin in September and end in June. Many people insist that it should begin in spring as it is now. But in most countries in the world, schools begin in autumn, and if schools in Japan also begin in September, it will be easier for Japanese students to study abroad and for foreign students to study in Japan. Therefore, I don't think there is any reason to insist that it should remain as it is. (87 words)

    (和訳)日本の学校の年度が9月に始まり6月に終わるというのは非常に合理的な

ことだと思う。多くの人は，現在のように春に始まるべきだと主張している。けれども世界中のほとんどの国で学校は秋に始まっており，もし日本の学校も9月に始まれば，日本人の学生が外国に留学したり，外国の学生が日本に留学したりするのがより容易になるだろう。したがって，私には現在の通りでなければならないと主張する理由があるとは思えない。

練習問題 5

1. This proverb literally means that even monkeys sometimes fall off the tree. But in practice it implies that even those who are good at doing something sometimes fail in doing it, and that therefore you should be careful even when you do something that seems very easy.
 (和訳)この諺は文字通りには「サルも時には木から落ちる」ということを意味している。しかし実際には何かが得意な人でも時にはそれをするのを失敗するということ，そして，だから，すごく簡単に見えることをするときでも注意しなければならない，ということを意味している。
2. This Japanese expression literally means a party for forgetting the year. But in fact it is a party which we hold when the end of a year approaches. Forgetting everything bad which happened to you during the year means that the coming year will be a good one.
 (和訳)この日本語の表現は文字通りにはその年を忘れるためのパーティーということを意味している。しかし実際には，それは，一年の終わりが近づいたとき我々が開催するパーティーのことだ。一年間の間に起こったイヤなことを忘れることは，次の年がよい年になるだろうということなのだ。
3. This idiomatic expression literally means 'before breakfast'. But in practice it implies something very easy which you can do even before you eat breakfast, namely, even before you are prepared to start the day.
 (和訳)この慣用句は文字通りには朝食の前という意味だ。しかし実際にはそれは，朝食を食べる前，つまり一日を始める準備をする前にでもできるくらい非常に簡単なこと，という意味だ。
4. This idiomatic expression literally means 'a three-day Buddhist priest'. But it really means someone who gives up on something only three days after he begins it. It is often used about broken

New Year's resolution.
　(和訳)この慣用句は文字通りには3日間の仏教の僧侶，という意味だ。しかし実際には何かをしているとき，初めてからたった3日後には放棄してしまうような人のことを意味している。この表現は，破られてしまった新年の誓いに関してしばしば使われる。

練習問題 6

　I see in the picture a father and his son walking on the street. They come across a newspaper vending machine and see a headline about another terrible shooting. I think the boy is aware how many people are killed in shootings these days. What is funny is that when asked what he wants to be when he grows up, the boy answers that all he wants is to be alive.
　(和訳)この絵の中には，父親と息子が通りを歩いているのが描かれています。彼らは，新聞の自動販売機のところに通りかかり，また恐ろしい狙撃が起こったことについての見出しを見つけています。私が思うに，この少年は，どれほど多くの人々が，最近狙撃により命を落としているか知っているのでしょう。面白いのは，大人になったら何になりたいと聞かれて，この少年は生きてさえいられればよいと答えているところです。

練習問題 7

　I see in this cartoon a guy who looks Japanese attending a party in a foreign country. A waiter offers him one drink after another, and, as is often the case with Japanese people, he is not very good at declining an offer. What is funny about this cartoon is that even after he has got drunk, he continues to say yes to offers of more drink, and that he tries to continue to drink even after he finally fell down on the floor.
　(和訳)この漫画には，日本人らしい男性が外国のパーティーに出席しているところが描かれています。ウェイターが彼に次々と飲み物を勧めるのですが，日本人にはよくあるように，彼はすすめを断るのがあまり得意ではありません。この漫画で面白いのは，酔っぱらってしまったあとでも，この人はもっと飲めとの勧めにイエスと答え続け，さらには，床に倒れてしまったあとでも飲み続けようとしているところです。

練習問題 8

I live in a small village, Manazuru, which is situated about one hundred kilometers west of Tokyo. Take the 'Tokaido Line' at Tokyo Central Station, and you can get there in an hour and a half.

Manazuru is a small peninsula with only about ten thousand inhabitants. The climate is mild except that sometimes a strong sea breeze blows, since it is surrounded by the sea.

Every summer there is a traditional festival called 'Kifune Matsuri', when all the fishing boats are decorated and traditional Japanese music is played. I really love it.

However, I sometimes feel bored with the quiet life here and want to go to Tokyo, but then I often got annoyed at having to stand on the crowded trains connecting my hometown and Tokyo.

(和訳) 私は真鶴という東京の100キロ西にある小さな村に住んでいます。東京駅で東海道線に乗れば1時間半で着くことができます。

真鶴は、1万人程の人口しかない小さな半島です。気候は海に近いので時々強い潮風が吹くことをのぞけば穏やかです。

毎年夏、「貴船祭り」と呼ばれる伝統的なお祭りがあって、そのときには、すべての漁船が飾り立てられ、日本の伝統的な曲が演奏されます。私は本当にこれが大好きです。

しかし、ときには、ここの静かな生活に退屈してしまって東京に出掛けていきたくなるのですが、そうすると、今度は、ここと東京を結ぶ混んでいる電車で立っていなければならないことにウンザリしてしまうのです。

練習問題 9

Dear Customer Service Manager,

I ordered a sweater from you and received the shipment today. However, what I received was an article entirely different from what I ordered.

What I ordered was article number 1056 in your October 2013 catalog, a large size, indigo, wool sweater for winter, and what I received was a small size, red and white striped, cotton sweater for summer, which looks to me like article No. 1057 in the same catalog.

Please ship the correct item again as soon as possible and I will send the wrong item back to you at your expense.

Sincerely,
Tadashi Oya

顧客サービス部部長殿

　私は，貴社からセーターを注文し，今日，荷を受け取りました。しかし，私が受け取ったのは，注文したものとは全く違う品でした。

　私は，2013年10月のカタログの商品番号1056，エルサイズのインディゴのウールの冬用セーターを注文したのですが，受け取ったのは，スモールサイズの赤と白のストライプのコットンの夏用セーターでした。これは，どうやら同じカタログの商品番号1057のようです。

　すぐに正しい商品を送ってください。こちらも間違った商品を貴社に，貴社払いで送り返します。

敬具
オオヤ　タダシ

練習問題 10

　It is not reasonable for senior high school students to be forced to wear school uniforms.

　Many people think high school students shouldn't care about what they wear, nor should they spend money on it. And by forcing us to wear uniforms, they believe they can keep us from doing so.

　However, though I admit we shouldn't care only about clothes nor should we spend too much money on them, making us wear uniforms is too easy a way. Take an example. I have my favorite pair of jeans. I wear them wherever I go. They're cheap, and even if they get dirty, I don't care. And what is important is that by wearing my favorite jeans, I feel more like myself than when I wear my uniform.

　So, if adults want to educate us through the way we dress, they should find another way. (145 words)

（和訳）

　高校生が制服を着せられるのは合理的でない。

　高校生は着るものに気を使ったり，お金を使ったりしてはいけないと考える人も

多い。そして，そういう人は，我々に制服を着せることによって，そうさせないようにすることができると信じている。

しかし，我々が洋服にばかり気を使ったり，あまりに沢山のお金を洋服に使ったりしてはダメだ，ということは認めるけれども，だからといって我々に制服を着せるというのは，あまりに安易なやり方だ。例を挙げよう。私にはお気に入りのジーンズがある。私はどこに行くにも，それをはいていく。安いし汚れても気にならない。そして大事なのは，このお気に入りのジーンズをはくことによって制服を着ているときよりもっと自分らしいと感じられるということだ。

だから，もし大人が服装を通じて我々を教育したいなら，もっと他のやり方を捜すべきだということだ。

練習問題 11

In my opinion, it is education that is most important to make a recycling society.

I think so because in many cases when something can be recycled technologically, many people throw it away without thinking; so people need to be taught not to throw things away carelessly in order to improve the effectiveness of recycling.

In addition, if people become conscious of this problem through education, they not only stop throwing things away in the environment, but they will also try to reduce the amount of garbage. If you continue to use the same washing machine for thirty years, it will mean more to the environment than recycling a number of washing machines you have used in these thirty years.

So it is clear that what counts is to make people more conscious of the matter. (136 words)

（和訳）

私の意見では，循環型社会を作るのに一番大切なのは教育だ。

そう考えるのは，多くの場合，技術的には何かがリサイクル可能でも多くの人が考えもなしにそれを投げ捨ててしまうからだ。だから，リサイクルの効率を向上させるためには，人々が不注意にものを投げ捨てないよう教育の必要がある。

さらに，もし教育によって人々がこの問題に関して意識的になれば，人々は環境にものを捨てることをやめるだけでなく，ゴミの量そのものも減らすよう努力を始めるだろう。もしも一台の洗濯機を30年間使い続ければ，そのことは，同じ30年間の間に使った沢山の洗濯機をリサイクルすることよりも，環境に大きな意味を持

つだろう。
　したがって，大事なのは人々をこの問題に関して意識的にすることなのだ，ということは明らかだ。

練習問題 12

　I agree with this opinion in that language is a means, not the end.
　In Japanese schools, English is taught as if it were something to be tested, not actually to be used. For us, learning English means understanding a lot of rules and memorizing words and then getting high marks in the exam. I myself have been studying English for six years, and have never used it to communicate with a foreigner or to write a letter. We don't actually expect to have an opportunity to really use it in the future.
　However, every language is a tool for communication, and so I think it should be taught in a more practical way. (114 words)

（和訳）
　私は，言葉は手段であり目的ではない，という点で，この意見に賛成である。
　日本の学校では，英語が，あたかも実際に使われるものではなく，試験されるためのものであるかのように教えられている。我々にとって英語を学ぶことは，沢山の規則を理解すること，単語を暗記すること，そして試験でよい点をとることでしかない。私自身，6年間英語を勉強しているが，それを外国の人とコミュニケーションをとったり手紙を書いたりするのに使ったことは一度もない。じっさい，私たちは将来本当に英語を使う機会をもつことなどないと思っているのが現状だ。
　しかし，どんな言語もコミュニケーションの道具なのであり，だから，私は英語がもっと実用的な形で教えられるべきだと思う。